STUDENT WORKBOOK

¡Ya verás!
Primer nivel

Stephen J. Collins
Boston College High School

TEXT PERMISSIONS

p. 138 "Móntate en Madrid" and **p. 143** "Abono transportes" used courtesy of Servicio de Información de Transportes; **p. 194** "Descubre Madrid con nosotros" used courtesy of the Ayuntamiento de Madrid, Patronato Municipal de Turismo; **p. 179** "Caras y eventos" and **p. 201** "Del editor — En nuestro idioma y en familia" from *Más Magazine*, Univision Publications, Vol. 1, No. 1 (Otoño 1989); **p. 207** "Mundo del disco" and **p. 242** "Modas" from *Alerta*; **p. 216** "Deportes" from *Diario la Prensa*.

Illustrations by Jane O'Conor

Manufactured in the United States of America

ISBN 0-8384-2011-7

10 9 8 7 6 5

CONTENTS

Vamos a tomar algo

Planning Strategy

You are tutoring a Spanish exchange student at your school in English. Answer the student's questions by suggesting some useful words, phrases, and expressions in English.

1. *If I want something to eat or drink after school, where should I suggest to other students that we go? There aren't any cafés here, are there?*

   _____

   _____

   _____

2. *When we get there, what do I say when I order something to eat or drink?*

   _____

   _____

   _____

3. *What do I say when I run into some students I know on the street? How do I greet them?*

   _____

   _____

   _____

4. *What do I say when I am introduced to a teacher or to someone's parents?*

   _____

   _____

   _____

5. *How do I make an introduction? Does it depend on who the person is?*

   _____

   _____

   _____

Vamos al café

Vocabulario

Para charlar

Para saludar

Buenos días.
Buenas tardes.
Buenas noches.
¿Cómo estás?
¿Cómo te va?
¿Qué tal?
¡Hola!

Para contestar

Buenos días.
Buenas tardes.
Buenas noches.
Bien, gracias. ¿Y tú?
Más o menos.
Muy bien, gracias.
¡Hola!

Para presentar

Te presento a…

Para despedirse

Adiós.
Chao.
Hasta luego.

Para contestar

Mucho gusto.
¡Hola!

Para expresar gustos

(No) Me gusta…
(No) Te gusta…

Para hablar en un restaurante

¿Qué desea tomar?
¿Qué desean tomar?
Yo quisiera…
¿Y Ud.?
Voy a comer…
Aquí tienen.

Para mí…
¡Comamos algo!
¡Un refresco, por favor!
Vamos al café.
Vamos a tomar algo.

Temas y contextos

Bebidas

una botella de agua
  mineral
un café
un café con leche
un chocolate
una granadina
  (con agua mineral)
un jugo de naranja
un licuado de banana /
  fresas / melocotón

una limonada
un refresco
una soda
un té
un té con leche
un té con limón
un vaso de agua
  (con limón)

Comidas

un bocadillo
un croissant
desayuno
mantequilla
una medialuna
mermelada

un pan dulce
un pan tostado
un pastel de fresas
una rebanada de pan
un sándwich de jamón
  y queso

Vocabulario general

Adverbios	*Pronombres*	*Sustantivos*	*Verbos*	*Otras palabras* (words) *y expresiones*
a veces	yo	un(a) camarero(a)	bailar	algo
bien	tú	una merienda	cantar	perdón
después	usted (Ud.)	música	comer	pues
mal	nosotros(as)	un señor	desear	
muchísimo	vosotros(as)	una señora	escuchar	
mucho	ustedes (Uds.)	una señorita	estudiar	
muy			hablar	
poco			practicar	
siempre			tomar	
todos los días			trabajar	
			viajar	

▼ ─── Primera etapa ─── ▼

A. **¡Hola!** For each of the drawings below, write a short dialogue. In the first picture, the people greet each other; in the second, Esperanza makes introductions; and in the third, they say good-bye. When appropriate, use the names indicated.

1. _____

_____

_____

_____

Pilar   *Mariana*

Juan   *Esperanza*   *Felipe*

Pedro   *Emilio*

2. _____

_____

_____

_____

3. _____

_____

_____

_____

▼ **R E P A S O** ─────────────────────

Expressing likes and dislikes — **gustar** + activities

    ¿Te gusta cantar?   **No me gusta** cantar.
    Me gusta bailar.

▲

B. **¿Te gusta?** Look at the pictures and pretend you are talking to the person pictured in each. Write your conversation, according to the model.

MODELO: *¿Te gusta hablar español?*

Sí, me gusta hablar español.

1. _____

   _____

2. _____

   _____

3. _____

   _____

4. _____

   _____

5. _____

_____

Adverbs

mucho	**poco**
muchísimo	**muy poco**

C. **¡Mucho!** Select the adverb that best describes your interest in the activities pictured in B on pages 4 and 5. Answer in a complete sentence.

MODELO: *Me gusta mucho hablar.*

1. _____

2. _____

3. _____

4. _____

5. _____

D. **¡Leamos!** *(Let's read!)* Pick a drink for yourself and each of your friends and list them below.

BEBIDAS

Café	$2.600
Café con leche	$2.600
Té	$2.600
Té con limón	$2.600
Chocolate	$2.800
Licuado de fresas	$3.800
Limonada	$2.800
Granadina	$3.500
Refresco	$3.200
Botella de agua mineral	$2.600

Yo: _____

_____

_____

_____

_____

_____

E. **¿Qué desea tomar?** You are seated in a café. When the waiter comes over, you order the following beverages.

MODELO: *Un té con limón, por favor.* _____

1. _____   2. _____

3. _____

4. _____

5. _____

6. _____

F. **Al café...** Two young friends go to a café. They talk about what they want to drink, then one of them calls a waiter and orders. Complete the conversation below.

ANITA: Yo quisiera un café, ¿y tú?

ROBERTO: _____

ANITA: _____

CAMARERO: Sí, señorita, ¿qué desea tomar?

ANITA: _____

CAMARERO: ¿Y Ud., señor?

ROBERTO: _____

CAMARERO: Muy bien...

G. **¡Leamos!** Choose from the café menu the food and drink that you and two friends would like. List the choices for each person below, using the appropriate article (**un** or **una**).

BOCADILLOS Y SANDWICHES

	Pesetas
Bocadillo de tortilla	190,—
Bocadillo de queso	190,—
Bocadillo de chorizo o salchichón o salami	200,—
Bocadillo de jamón serrano	235,—
Sándwich de jamón York	190,—
Sándwich de queso	190,—
Sándwich de jamón y queso	235,—

REFRESCOS

	Pesetas
Aguas minerales, 1/2 botella	100,—
Colas y refrescos, botella	110,—
Colas y refrescos, lata 33 cl.	150,—

BEBIDAS CALIENTES

	Pesetas
Café o Nescafé, solo o con leche	80,—
Leche con azúcar	80,—
Té, tila o manzanilla	80,—

Person _____

Food _____

Drink _____

Person _____

Food _____

Drink _____

Myself _____

Food _____

Drink _____

H. **El desayuno y la merienda** You are seated in a café. When the waiter comes, you order something to eat and / or drink. On the basis of the drawings, write what you order.

1. _____

_____

2. _____

_____

3. _____

_____

4. _____

_____

5. _____

_____

6. _____

_____

7. _____

_____

The present tense of regular **-ar** verbs (first and second persons)

yo	**tomo**	nosotros	**tomamos**
tú	**tomas**	vosotros	**tomáis**
Ud.	**toma**	Uds.	**toman**

I. **Los verbos regulares en -ar** Give the appropriate forms of each infinitive.

1. **cantar**

a. Yo _____ mal.

b. Tú _____ bien.

c. Ud. _____ muy bien.

d. Nosotros _____ todos los días.

e. Uds. _____ mucho.

f. Vosotros _____ poco.

2. **estudiar**

a. Ud. _____ matemáticas.

b. Yo _____ español.

c. Nosotras _____ inglés.

d. Uds. _____ con los amigos.

e. Tú _____ en clase.

f. Vosotros _____ en la cafetería.

3. **desear**

a. Nosotros _____ bailar a veces.

b. Uds. _____ viajar a España.

c. Yo _____ comer algo.

d. Ud. _____ un bocadillo.

e. Tú _____ pan tostado.

f. Vosotras _____ una granadina.

J. **¿Tú, Ud., Uds.?** In making the following statements, you must decide whether to use **tú, Ud.,** or **Uds.**

Tell the following people that they are traveling to Spain.

MODELO: your best friend *Tú viajas a España.*

1. your cousin _____

2. your parents' friends _____

3. your teacher _____

4. your friends _____

Tell the following people that they sing well.

5. your uncle _____

6. your father's boss _____

7. your friend's parents _____

8. your brother's friends _____

Tell the following people that they speak Spanish well.

9. your principal _____

10. your brother and sister _____

11. your friend's mother _____

12. your sister _____

K. **¡Hablemos de Ud.!** *(Let's talk about you!)*. First, assume that your teacher asks you questions. Answer affirmatively using the appropriate form of the verb.

MODELO: ¿Tú hablas español?   *Sí, hablo español.*

1. ¿Tú escuchas música clásica? _____

2. ¿Tú cantas bien? _____

3. ¿Tú trabajas mucho? _____

4. ¿Tú viajas mucho? _____

Now assume that your friend asks you questions. Again answer affirmatively using the appropriate form of the verb.

5. ¿Tú practicas todos los días? _____

6. ¿Tú escuchas música en clase? _____

7. ¿Tú estudias matemáticas? _____

Now assume that your teacher asks the class questions. Answer affirmatively using the appropriate form of the verb.

8. ¿Uds. viajan a México? _____

9. ¿Uds. escuchan música popular? _____

10. ¿Uds. desean cantar? _____

bien	**todos los días**
muy bien	**siempre**
mal	**a veces**

L. **¡Muy bien!** Guillermo, a student from Spain, wants to know about your activities. Select an appropriate adverb to answer his questions.

1. ¿Tú hablas español? _____

2. ¿Tú escuchas música? _____

3. ¿Tú trabajas? _____

4. ¿Tú estudias mucho? _____

5. ¿Tú cantas bien? _____

6. ¿Tú bailas? _____

CAPÍTULO DOS

¡Vamos a un bar de tapas!

Vocabulario

Para charlar _____

Para saludar

¿Cómo está Ud.?
¿Cómo están Uds.?
Buenos días.
Saludos a tus padres.

Para contestar

(Estoy) Bien, gracias. ¿Y Ud.?
Muy bien, gracias.

Para presentar

Quisiera presentarle(les) a...

Para contestar

Encantado(a).

Temas y contextos _____

Tapas españolas

unas aceitunas
unos cacahuetes
unos calamares
chorizo
pan
unas patatas bravas
queso
una tortilla (de patatas)

Vocabulario general _____

Pronombres	*Verbos*	*Otras palabras y expresiones*
él	acabar de	dinero
ella	ganar	mi amigo(a)
ellas	mirar	el (la) señor(a)
ellos	necesitar	también
	tocar	tampoco
		van a...
		¿verdad? / ¿no?

A. **¡Leamos!** Supply the price for each of the items listed below. If necessary, look at the items pictured on page 25 of the textbook for help.

1. aceitunas _____

2. calamares _____

3. queso _____

4. patatas bravas _____

5. chorizo y pan _____

6. tortilla de patatas _____

7. cacahuetes _____

B. **¿Qué es?** *(What is it?)* Identify each of the items that is available at a bar de tapas.

MODELO: *un sándwich de jamón y queso*

1. _____   2. _____

3. _____   4. _____

5. _____   6. _____

◆R◆E◆P◆A◆S◆O◆ ——————————————————————————— ▼

Regular **-ar** verbs (third person)

  él, ella **trabaja**   ellos, ellas **trabajan**

▲

C. **Los estudiantes de otros países** *(Students from other countries)* There are many foreign exchange students in Spain. They speak different languages, study different subjects, and travel to different cities. Complete the following statements with the appropriate form of the verb.

¿Qué lengua *(What language)* hablan?

1. Etienne _____ francés.

2. Tchen _____ chino.

3. Rachel y Sharon _____ inglés.

¿Qué estudian en España?

4. Mongo y Amadou _____ matemáticas.

5. Mary Ellen _____ español.

6. Heinrich _____ música.

¿Adónde *(Where)* viajan?

7. Yoshi _____ a Toledo.

8. Mireille y Suzanne _____ a Barcelona.

9. Bruno _____ a Málaga.

Capítulo dos   ***¡Vamos a un bar de tapas!***   **15**

D. **Tres compañeros de clase** *(Three classmates)* Write three sentences about a female classmate and three sentences about two male classmates. Use at least four of the following verbs: **cantar, hablar, estudiar, viajar, mirar, trabajar, ganar, bailar, tocar.**

1. Mi amiga _____

_____

_____

_____

_____

2. Mis amigos _____ y _____

_____

_____

_____

_____

◆R◆E◆P◆A◆S◆O◆ _____ ▼

Asking and answering yes/no questions

Questions	Responses
¿Ud. viaja mucho?	**Sí, yo viajo mucho.**
¿Viaja Ud. mucho?	**No, yo no viajo mucho.**
Ud. viaja mucho, **¿verdad?**	
Ud. viaja mucho, **¿no?**	

▲

E. **¿Habla Ud. inglés?** Ask for the following pieces of information, inverting the verb and subject. Then answer each question affirmatively.

MODELO: hablar / Miguel / inglés

¿Habla Miguel inglés?

Sí, Miguel habla inglés.

1. trabajar / Francisco / en La Coruña

_____

_____

2. viajar / Carmen / a Valencia

_____

_____

3. bailar bien / Paquita y Rosa

_____

_____

4. tocar el piano / Clara

_____

_____

5. trabajar / Uds. / en la cafetería

_____

_____

F. **Algunas** (*A few*) **preguntas** Make up questions that you might ask one of your classmates in order to get to know him or her a little better. Use the words **verdad** or **no** to make your questions. Then answer each question negatively. Use these verbs and expressions: **estudiar, trabajar, tocar, escuchar música, mirar la TV.**

MODELO: *Tú bailas bien, ¿verdad?*

No, yo no bailo bien.

1. _____

_____

2. _____

_____

3. _____

_____

4. _____

_____

5. _____

_____

G. **Laura y Tomás** Laura and Tomás are Mexican high school students. Ask them the following questions. Then answer the questions according to the information suggested by the drawings. Vary the forms of your questions.

Ask Laura and Tomás:

MODELO: if they speak Spanish

¿Hablan Uds. español?

Sí, hablamos español.

1. if they travel much

_____

_____

2. if they study a lot

_____

_____

Ask Tomás:

3. if he plays the guitar

_____

_____

4. if he speaks German

_____

_____

Ask Laura:

5. if she speaks English

_____

_____

6. if she watches TV a lot

_____

_____

Segunda etapa

H. **Buenos días...** For each of the drawings below, write a short dialogue. In the first picture, the people greet each other; in the second, Sofía makes introductions; in the third, they say good-bye. When appropriate, use the indicated names.

1. _____

_____

_____

_____

_____

Sra. Carrillo   Marcos

2. _____

_____

_____

_____

_____

Ada   Sofía   Sr. Ramírez

3. _____

_____

_____

_____

Sr. García   Margarita

 R E P A S O

Conjugated verb followed by an infinitive

Me gusta bailar mucho.
Necesito estudiar.
Elena acaba de practicar el español.

Lucy desea viajar.
Enrique quisiera viajar también.

I. **¿Qué pasa?** *(What's going on?)* On the basis of the drawings, indicate what Roberto has just finished doing.

MODELO: *Roberto acaba de escuchar música,*

1. _____

_____

2. _____

_____

3. _____

_____

4. _____

_____

5. _____

_____

6. _____

_____

J. **¿Y Uds. también?** Indicate that you and your friends want to continue the activities that Roberto has just finished in the previous exercise.

MODELO: *Nosotros deseamos escuchar música también.*

1. _____

2. _____

3. _____

4. _____

5. _____

6. _____

K. **¿Te gusta?** Indicate whether you do or do not like to participate in the following activities.

MODELO: viajar

Sí, me gusta viajar.   o:

No, no me gusta viajar.

1. mirar la TV_____

2. ganar mucho dinero _____

3. estudiar _____

4. bailar _____

5. tocar el violín _____

L. **Jaime desea...** On the basis of the drawings, indicate what each of the persons mentioned wants or doesn't want to do.

MODELO: *Jaime desea hablar.* _____

1. Lourdes _____

2. Raquel _____

3. Alberto _____

4. Carmencita _____

M. **Quisiera, pero necesito practicar** Marcos would like to do several things, but first he needs to do some other things. Using the verbs listed below, have Marcos state what he would like to do, and then have his friend Felipe tell him what he needs to do.

MODELO: hablar español / practicar

Marcos: *Yo quisiera hablar español.*

Felipe: *Tú necesitas practicar.*

1. mirar la TV / estudiar

Marcos: _____

Felipe: _____

2. viajar a Sudamérica / ganar mucho dinero

Marcos: _____

Felipe: _____

3. bailar / escuchar música

Marcos: _____

Felipe: _____

4. tocar la guitarra / practicar mucho

Marcos: _____

Felipe: _____

5. ganar mucho dinero / trabajar todos los días

Marcos: _____

Felipe: _____

CAPÍTULO TRES

¿Te gusta la comida mexicana?

Vocabulario

Para charlar _____

Para comentar sobre la comida

¡Qué bueno(a)!
¡Qué comida más rica!
¡Qué picante!

¡Es riquísimo(a)!
¡Es delicioso(a)!

Temas y contextos

Las nacionalidades

alemán (alemana)
argentino(a)
boliviano(a)
canadiense
colombiano(a)
costarricense
cubano(a)
chileno(a)
chino(a)
dominicano(a)
ecuatoriano(a)
español(a)
estadounidense
francés (francesa)
guatemalteco(a)
hondureño(a)
inglés (inglesa)
italiano(a)
japonés (japonesa)
mexicano(a)
nicaragüense
norteamericano(a)
panameño(a)
paraguayo(a)
peruano(a)
puertorriqueño(a)
ruso(a)
salvadoreño(a)
uruguayo(a)
venezolano(a)

Las profesiones

un(a) abogado(a)
un(a) contador(a)
un(a) dentista
un(a) enfermero(a)
un(a) estudiante
un hombre (una mujer) de negocios
un(a) ingeniero(a)
un(a) médico(a)
un(a) periodista
un(a) profesor(a)
un(a) secretario(a)

La comida mexicana

arroz
carne
chile
una enchilada
flan
unos frijoles
una hamburguesa
pollo
salsa
un taco
una tortilla

Los países

Alemania
Argentina
Bolivia
Canadá
Colombia
Costa Rica
Cuba
Chile
China
Ecuador
El Salvador
España
Estados Unidos
Francia
Guatemala
Honduras
Inglaterra
Italia
Japón
México
Nicaragua
Panamá
Paraguay
Perú
Puerto Rico
La República Dominicana
Rusia
Uruguay
Venezuela

Vocabulario general _____

Verbos

ser

Otras palabras y expresiones

Allí está…
Aquí hay otro(a)…
¿De dónde es (eres)?
ésta
¡Mira!

¿Qué es?
¿Qué van a pedir?
¿quién?
ser de

Primera etapa

A. **¡Leamos!** Ask your teacher what the current exchange rate for American dollars is in Mexico (or look in a newspaper or call a bank). When you read the price list from the menu below, calculate how much each item would cost in American dollars.

enchiladas de carne $24.000

enchiladas de queso $21.600

tacos de pollo $24.000

tacos de carne $27.000

arroz con frijoles $13.000

frijoles $10.000

Foods	Mexican pesos	American dollars

◆ R E P A S O

The verb **ser**

yo	**soy**	nosotros	**somos**
tú	**eres**	vosotros	**sois**
él		ellos	
ella	**es**	ellas	**son**
Ud.		Uds.	

B. **¿De dónde son?** Tell where each of the following people is from by completing the sentence with the appropriate form of **ser**.

26 *Primera unidad ¡Vamos a tomar algo!*

1. Tomás _____ de España.

2. Heidi y Kurt _____ de Alemania.

3. Yo _____ de los Estados Unidos.

4. Uds. _____ de Inglaterra, ¿no?

5. Tú _____ de China, ¿verdad?

6. Nosotros _____ de Rusia.

C. **¿Es ella de México?** Using the information in parentheses, answer the questions about where each person comes from.

MODELO: ¿Es Héctor de Perú? (Bolivia)
   No, él no es de Perú. Él es de Bolivia. _____

1. ¿Es Carmelita de Argentina? (Chile) _____

_____

2. ¿Es Vicente de El Salvador? (Panamá) _____

_____

3. ¿Es Mercedes de Colombia? (Venezuela) _____

_____

4. ¿Es Lucía de Paraguay? (Uruguay) _____

_____

5. ¿Es Carlos de Honduras? (Nicaragua) _____

_____

6. ¿Es Francisco de Guatemala? (Costa Rica) _____

_____

D. **Los países de Sudamérica y Centroamérica** Look at the map on the next page. Write the name of each country on the appropriate line. If necessary, look at the map on page 48 of the textbook for help.

1. _____

2. _____

3. _____

4. _____

5. _____

6. _____

7. _____

8. _____

9. _____

10. _____

11. _____

12. _____

13. _____

14. _____

15. _____

▼ ───── Segunda etapa ───── ▼

E. **¡Leamos!** Compare the two menus below. Which is from Spain and which is from Mexico? Do they share some similar items? If so, list them. Have you ever eaten any of these foods? If so, write them down.

❏ Spain   ❏ Mexico   ❏ Spain   ❏ Mexico

SERVICIO A LA CARTA

Quesadillas	12.800
Enchiladas de pollo verdes o coloradas	26.800
Tostadas de pollo	26.800
Pollo frito con papas	38.000
Guacamole	13.200
Tacos sudados (3)	11.600
Tacos de pollo con guacamole (3)	26.800
Tacos de carne deshebrada con salsa borracha (3)	26.800
Chiles rellenos de picadillo y de queso	36.000
Frijoles de la olla o refritos	7.200
Café de la olla	5.000
Aguas frescas (vaso)	5.000
Jarra de agua fresca	30.400

RESTAVRANTE
ANTIGVA CASA
SOBRINO DE
BOTÍN
(1725)
TELEFONO 2664817
28005 MADRID
CVCHILLEROS, 17

SOPAS

Sopa al cuarto de hora (de pescados y mariscos)	
Sopa de ajo con huevo	995
Caldo de ave	390
Gazpacho campero	330
	475

HUEVOS

Huevos revueltos con salmón ahumado	790
Huevos revueltos con champiñón	430
Huevos a la flamenca	430
Tortilla con gambas	840
Tortilla con jamón	430
Tortilla con chorizo	430
Tortilla con espárragos	430
Tortilla con escabeche	430

ASADOS Y PARRILLAS

Pollo asado 1/2	580
Pollo en cacerola 1/2	760
Filete de ternera con patatas	1.365

Shared items   **Foods I've eaten**

_____   _____

_____   _____

_____   _____

_____   _____

_____   _____

_____   _____

F. **¿Comen algo?** Identify the foods that people are eating in the drawings below. Then indicate if the food is typically Spanish or Mexican.

MODELO: *Jacinto come tapas. Son de España.*

Jacinto

Jim   *Dave*

1. _____

   _____

   _____

Esperanza   *Mariluz*

2. _____

   _____

   _____

3. _____

   _____

   _____

Los señores Suárez

G. **¡Qué bueno!** What exclamations would be appropriate for each of the scenes below? Use as many exclamations as you can for each situation.

1. _____

_____

_____

_____

2. _____

_____

_____

_____

3. _____

_____

_____

_____

R E P A S O ━━━━━━━━━━━━━━━━━━━━━━━━━━━━━━━▼

Adjectives of nationality

	singular	plural	singular	plural
masculine	**peruano**	**peruanos**	**español**	**españoles**
feminine	**peruana**	**peruanas**	**española**	**españolas**
masculine	**estadounidense**	**estadounidenses**		
feminine	**estadounidense**	**estadounidenses**		

H. **¡Claro!** *(Of course!)* All of the following people are natives of the country in which they live. Make the logical deduction on the basis of the information given.

MODELO: Herbert es de Londres.

¡Claro! Él es inglés.

1. María es de Roma.

_____

2. Gerta y Eva son de Munich.

_____

3. Pierre es de París.

_____

4. Yoko es de Tokio.

_____

5. Nicolás y Olga son de Moscú.

_____

6. Benjamín y Daniel son de Los Ángeles.

_____

REPASO

Names of professions

m.	**abogado**	**contador**	**dentista**	**ingeniero**
f.	**abogada**	**contadora**	**dentista**	**ingeniera**
m.	**enfermero**	**estudiante**	**un hombre de negocios**	**secretario**
f.	**enfermera**	**estudiante**	**una mujer de negocios**	**secretaria**
m.	**médico**	**periodista**	**profesor**	
f.	**médica**	**periodista**	**profesora**	

I. **Yo soy abogado** Indicate the correct profession for each of the following people.

MODELO: El Sr. Robles es abogado, ¿verdad? (secretario[a])

No, él no es abogado, él es secretario.

1. El Sr. Romero es periodista, ¿verdad? (médico[a])

_____

2. La Sra. Martínez es ingeniera, ¿verdad? (profesor[a])

   _____

3. Tú eres periodista, ¿verdad? (estudiante)

   _____

4. María es dentista, ¿verdad? (abogado[a])

   _____

5. El Sr. López y la Sra. Suárez son contadores, ¿verdad? (secretario[a])

   _____

6. José es médico ¿verdad? (enfermero[a])

   _____

7. La Sra. Lagos y la Srta. Mendoza son profesoras, ¿verdad? (ingeniero[a])

   _____

J. **Yo soy estudiante y...** Use the following verbs and expressions to write seven sentences about yourself. Use any of the following terms no more than once: **me gusta, acabo de, necesito, deseo, yo quisiera, bailar, cantar, comer, trabajar, viajar, hablar español, practicar, escuchar música, mirar la TV, tocar la guitarra, ser.**

1. _____

2. _____

3. _____

4. _____

5. _____

6. _____

7. _____

¿Quién soy yo?

A. **Aquí está mi tarjeta** *(card)* Business cards can give you a lot of information about a person. Place a check next to each of the items that can be found on the cards shown.

_____ company / organization name   _____ hours of business

_____ date   _____ telex / fax numbers

_____ person's name   _____ company address

_____ company president's name   _____ telephone numbers

_____ person's title   _____ person's Social Security number

                                        _____ directions to business address

Now, answer the questions that follow in complete sentences.

1. El señor Larrañaga Gomar es abogado, ¿verdad?

    _____

2. ¿De dónde es el señor Larrañaga?

    _____

3. ¿Dónde trabaja la señora Langworth?

    _____

B. **Ud., el (la) profesional** First complete the business cards provided below by filling in the information required. Where a specific answer isn't required, you can decide who you want to write in. Then design two business cards for yourself: one showing where you are now and what you're doing, and another showing where and what you hope to be twenty years from now. Don't forget to include on your cards all the kinds of information found on the cards in Ex. A. Include graphics or symbols if you choose; don't be afraid to use your imagination and be creative!

Dan Rather
_____

CBS Nightly News
Columbia Broadcasting System

524 W. 57th Street
New York, NY 10019
212-975-4321

Presidente de los Estados Unidos

La Casa Blanca
1600 Pennsylvania Avenue
20500

202-456-1414

Profesor(a)

C. **¡Entrevista** (*Interview*)**!** You want to write an article for your school newspaper about your new neighbor who just moved to the U.S. from South America. What would you ask him or her? Write down five questions you would like to ask. Possible topics include nationality, profession, favorite activities, kinds of food he or she likes, etc.

Entrevista con: _____

Preguntas:

_____

1. _____

_____

2. _____

_____

3. _____

_____

4. _____

_____

5. _____

_____

D. **Buscapalabras** (*Word search*) How many Spanish words for food items can you find in the letters that follow? (Hint: There are 16 total!)

T	W	E	N	R	A	C	Q	C	I	L	S	O	N	E	B	P
K	M	U	P	O	L	L	O	A	N	S	T	O	L	R	H	G
N	R	O	Q	U	L	U	P	L	I	C	M	I	D	E	F	O
S	A	N	U	T	I	E	C	A	C	A	H	U	E	T	E	S
O	S	P	E	A	T	R	N	M	J	C	U	O	M	K	J	N
P	L	I	S	U	R	T	N	A	S	S	I	O	R	C	H	T
H	A	T	O	B	O	V	G	R	L	F	Z	I	E	I	Q	A
R	S	S	I	M	T	A	S	E	R	F	A	R	R	O	Z	C
O	I	P	A	T	A	T	A	S	B	R	A	V	A	S	L	O

¡Vamos a conocernos!

Planning Strategy

Your new friend, the Spanish exchange student, is having difficulty with her English. Answer her questions about how to get acquainted with people.

1. People are always asking me whether I like certain things and activities. I'd like to be able to do more than just say yes or no. How do I express different degrees of liking or disliking?

2. What words and expressions do I need to tell someone about the makeup of my family?

3. What words do I need to begin to ask people questions?

4. What are some different ways of asking people about their possessions?

¿De quién es?

Vocabulario

Para charlar

Para expresar posesión

¿De quién es…?
¿De quién son…?
Es de….
Son de….
mi(s)
tu(s)
su(s)
nuestro(s)
nuestra(s)

Temas y contextos

En la escuela	En mi cuarto	Los medios de transporte	Las viviendas
un(a) alumno(a)	una alfombra	una bicicleta	un apartamento
un bolígrafo	una cama	un coche	una casa
un borrador	una cámara	una motocicleta	un cuarto
una calculadora	una cartera		
un cuaderno	una cinta		
un lápiz	una cómoda		
un libro	una computadora		
una mochila	un disco		
una pluma	un escritorio		
un portafolio	un estante		
un sacapuntas	un estéreo		
	una grabadora		
	una llave		
	una máquina de escribir		
	una planta		
	un póster		
	un radio despertador		
	una silla		
	un televisor (a colores)		
	un vídeo		

Vocabulario general

Definite articles	Verbos	Otras palabras y expresiones
el	llevar	allí
la		¿Cuántos hay?
los		¿Dónde hay?
las		Me llamo…
		Para ir al centro, voy en…
		¿Qué llevas tú a la escuela?
		Vivo en…

▼ ──────── Primera etapa ──────── ▼

A. **¡Leamos!** A Spanish student, Rodolfo Espinoza, explains what he usually takes (**llevar**) to school with him. Read his description, then circle each of the items that you also bring to school with you.

Yo siempre llevo una mochila con... adentro (inside).
- *unos libros*
- *unos cuadernos*
- *unos lápices, un borrador, y un sacapuntas*
- *unos bolígrafos*
- *una calculadora*

Now add to the list items that you bring to school but that Rodolfo does not.

_____

_____

_____

B. **Jorge y Cristina** Identify the objects in the drawings that belong to Jorge and Cristina.

Jorge:

1. _____   4. _____

2. _____   5. _____

3. _____   6. _____

Cristina:

7. _____   10. _____

8. _____   11. _____

9. _____   12. _____

R E P A S O

The definite articles **el, la, los, las**

el libro	**los** libros
la mochila	**las** mochilas

C. **¿Qué necesito?** Andrés is ready to leave for school, but he has forgotten some of his supplies. Get his attention and remind him that he needs each of the following items.

MODELO: mochila

Andrés, ¡la mochila!

1. bolígrafos

_____

2. cartera

_____

3. calculadora

_____

4. llaves

_____

5. lápiz

_____

6. cuadernos

_____

7. libro

_____

8. plumas

_____

◆R◆E◆P◆A◆S◆O◆ ▼

Expressing possession with **de**

el libro **de Juan**
¿De quién es el libro?
¿De quién son los libros?

▲

D. **¿De quién es?** You have found the following items and you want to find the owners. First ask whose the item is, then answer the question according to the cue.

MODELO: la cartera / Ana

¿De quién es la cartera?
Es la cartera de Ana.

1. la calculadora / la Dra. Romero

_____

_____

2. las llaves / Esteban

_____

_____

3. el sacapuntas / la estudiante

_____

_____

4. el refresco / Emilia

_____

_____

5. los cuadernos / los profesores

_____

_____

E. **Para...**(In order to...) First, indicate what school supplies you bring to school (books, pencils, etc.) and what supplies you don't bring.

1. Para ir al colegio, llevo _un libro, unas plumas,_ _____

_____

2. No llevo _____

_____

Now indicate what you usually need in order to do your Spanish homework (book, notebook, pencil, etc.)

3. Para mi tarea *(homework)* de español, necesito _____

_____

Segunda etapa

F. **¡Leamos!** Read the following ads for furniture, then answer the questions that follow.

UTIL MESA PARA TV., VCR., MICROONDA Y HASTA PARA LA IMPRESORA DE SU COMPUTADORA
Perfecta para su TV, accesorios de computadoras, VCR, o equipo stereo. 23 1/2" de ancho x 30 3/8" de alto. Con tope terminado en Herculex. (Herculex es un laminado resistente a las ralladuras, manchas y calor).
Modelo 149
Regular 49.99

SU SELECCION
$41

VERSATIL CENTRO DE ENTRETENIMIENTO
Con espacio para acomodar su TV., componente o VCR.
Regular 49.99

KERO
MESA PARA LA MAQUINILLA
Hecha en metal resistente
Viene con ruedas
Regular 39.99

$29

GM
ESCRITORIO SENCILLO
En metal con tope en madera. Perfecto para el estudiante con muchas asignaciones.
Regular 129.99
$99

1. Which piece of furniture has the greatest number of uses?

   _____

2. Which piece(s) of furniture is (are) made of metal?

   _____

3. Which piece(s) is (are) "perfect" for a student?

   _____

4. Based on the content and drawings in the ads, what do you think the word **mesa** means? The word **entretenimiento**?

   _____

G. **Hay...** Look at the drawings of Juanita's and Jorge's rooms. First, list at least eight objects that you see in Juanita's room.

1. En el cuarto de Juanita, hay _un radio despertador,_ _____

_____

_____

Now list at least five items in Jorge's room that are not found in Juanita's.

2. En el cuarto de Jorge, hay _____

_____

_____

◆**R**◆**E**◆**P**◆**A**◆**S**◆**O**◆────────────────────────────────▼

The numbers from 0 to 20

0 **cero**	6 **seis**	12 **doce**	18 **dieciocho**
1 **uno**	7 **siete**	13 **trece**	19 **diecinueve**
2 **dos**	8 **ocho**	14 **catorce**	20 **veinte**
3 **tres**	9 **nueve**	15 **quince**	
4 **cuatro**	10 **diez**	16 **dieciséis**	
5 **cinco**	11 **once**	17 **diecisiete**	

──▲

H. **Un hotel** As a weekend employee in a hotel, it is your job to determine what items the manager needs to replace. Complete the list according to the cues below.

camas / 12
cómodas / 9
alfombras / 7
estantes / 20

sillas / 15
radio despertadores / 8
grabadoras / 3
máquinas de escribir / 2

Hotel La Embajada

Necesitamos siete televisores.

_____

_____

_____

_____

_____

_____

_____

_____

_____

_____

◆R◆E◆P◆A◆S◆O◆ ▼

Hay + noun

Hay un libro en mi cuarto.
Hay unos libros en mi cuarto.

▲

I. **¡Mira!** Your brother or sister has been using your room and leaving it a mess. Tell him or her what you don't like about the condition of the room.

MODELO: libro / cama

Hay un libro en la cama.

1. discos / alfombra

_____

2. cámara / máquina de escribir

_____

3. cintas / silla

_____

4. radio despertador / escritorio

_____

J. **Mi cuarto** First, draw a picture of your room at home. In Spanish, label the location of at least eight objects (bed, desk, posters, books, stereo, etc.)

```



```

Now mention at least three things that you do not have in your room.

MODELO: _En mi cuarto no hay plantas._

_____

_____

_____

_____

Tercera etapa

K. **¡Leamos!** Read the following classified ads about cars and motorcycles for sale, then answer the questions that follow.

SE VENDE

Para anunciarse en esta sección, enviar su texto al Apartado 178 de Segovia. Esta SECCIÓN ES GRATUITA. Un anuncio sólo se inserta en un número, para repetirlo, se deberá remitir de nuevo.

PARTICULAR vende Seat 131-1430E. Teléfono 434736, de 5 a 8.

VENDO Seat 600E en buen uso. Teléfono 430789.

VENDO moto Ducati 500 Twin, cuidada, buen precio. Teléfono 436349.

VENDO máquina de hacer punto Passap Rosa Duomátic. Bicicleta de paseo Super Cil. Cocina de 3 fuegos y horno, Orbegozo. Vespa en muy buen estado, 160 c.c. Citroen GS Break, buen estado Tel. 431537.

SE VENDE moto Sanglas 400 c.c., muy cuidada. Teléfono 436618.

SE VENDEN BMW 528 inyección, Alfa Romeo, Mercedes 300 turbo diesel, Renault 12 TS familiar, Citroen Visa Super E, Matra-Simca 2000. Teléfono 435539.

SE VENDE Seat 850 D Especial Lujo, Ronda Diesel CLX, Seat 132 1800, Land Rover corto, Seat 131. Teléfono 435539.

SE VENDE moto Derbi todo terreno, 75 c.c. Tel. 432897.

1. What motorcycles are offered for sale?

   _____

2. The **Seat** is a car made in Spain. Which models are advertised?

   _____

3. What other makes and models of cars are advertised?

   _____

4. Which moto is being sold at a good price?

   _____

5. Which car is in good shape?

   _____

L. Yo quisiera... Look at the following drawings of people and their possessions and indicate, by naming the owner, which items you would prefer to have.

Pedro   Susana

MODELO: *Yo quisiera la grabadora de Pedro.*

1. _____

2. _____

3. _____

4. _____

◆R◆E◆P◆A◆S◆O◆ ▼

Possessive adjectives — first and second persons

masc. sing.	fem. sing.	masc. pl.	fem. pl.
mi	**mi**	**mis**	**mis**
tu	**tu**	**tus**	**tus**
su	**su**	**sus**	**sus**
nuestro	**nuestra**	**nuestros**	**nuestras**

▲

M. **¿De quién son?** El Capitán *(Captain)* Ramírez is trying to return items that have been turned in to the police. Answer his questions, telling him that each item is yours.

MODELO: ¿De quién es la grabadora?

Es mi grabadora.

1. ¿De quién son las llaves?

   _____

2. ¿De quién es la bicicleta?

   _____

3. ¿De quién son las cintas?

   _____

4. ¿De quién es el televisor a colores?

   _____

Your parents have just joined you, so you should now answer that the following items belong to your family.

MODELO: ¿Es su coche?

Sí, es nuestro coche.

5. ¿Es su motocicleta?

   _____

6. ¿Son sus alfombras?

   _____

7. ¿Es su televisor?

   _____

8. ¿Son sus cámaras?

_____

N. **El inventario** *(The inventory)* Complete the following conversations by using the appropriate form of **mi, tu, su,** or **nuestro**.

1. *As you leave for school, your mother is checking on whether you have everything you need:*

   TU MADRE: ¿Necesitas _*tu*_ mochila? ¿ _____ libros? ¿ _____ llave? ¿ _____ cuaderno? ¿ _____ plumas?

   TÚ: Sí, y también necesito _____ calculadora. ¿Dónde están _____ bolígrafos y _____ lápiz?

2. *You and your brother or sister share a room. You are showing the room to a friend of yours:*

   UDS.: Aquí está _____ cuarto. Allí están _____ camas y allí está _____ computadora.

   SU AMIGO(A): ¿Son _____ discos? ¿Es _____ estéreo? ¿Es _____ grabadora?

O. **Pequeñas** *(Little)* **conversaciones** Complete the exchanges with the appropriate article or possessive adjective.

1. *Alberto is asking his teacher about supplies that he will need:*

   ALBERTO: ¿Necesito _____ bolígrafos?

   EL SR. ÁLVAREZ: Sí, y necesitas _____ calculadora también.

2. *Alberto, Raimundo, and Rosa are looking at Raimundo's house:*

   RAIMUNDO: Aquí está _____ casa.

   ROSA: Yo no vivo en una casa. Vivimos en _____ apartamento.

   ALBERTO: Raimundo, me gusta _____ casa. Es muy bonita *(pretty)*.

3. *Rosa has found a set of keys:*

   ROSA: Alberto y Mariana, ¿son _____ llaves?

   MARIANA: Sí, son _____ llaves.

4. *Alberto is looking at his friend Rosa's stereo:*

    ALBERTO: Rosa, es _____ estéreo, ¿verdad?

    ROSA: Sí, y son _____ discos también.

5. *Rosa is trying to find out whose camera this is:*

    ROSA: ¿De quién es la cámara?

    ALBERTO: Raimundo, es _____ cámara, ¿no?

    RAIMUNDO: Sí, es _____ cámara.

6. *Raimundo is showing Rosa his tape player:*

    RAIMUNDO: Rosa, ¿deseas escuchar _____ grabadora?

    ROSA: Sí, gracias. Y también quisiera escuchar _____ cintas.

Me gusta mucho....

Vocabulario

Temas y contextos

Los animales

un gato
un pájaro
un perro

El arte

la escultura
la pintura

Las ciencias

la biología
la química

Los deportes

el básquetbol
el béisbol
el fútbol
el fútbol americano
el tenis
el vólibol

La música

el jazz
la música clásica
la música rock

Las películas

cómicas
de aventura
de ciencia ficción
de horror

Vocabulario general

Verbos

aprender
beber
compartir
comprender
correr
escribir
leer
recibir
vender
vivir

Otras palabras y expresiones

¡Claro!
Me gusta más....
las lenguas
la naturaleza
una novia
un novio
la política
¿Qué te gusta más?

Primera etapa

A. **¡Leamos!** Read the following report card, then answer the questions that follow in English.

BOLETIN DE CALIFICACIONES PERTENECIENTE A *Liliana Feierstein* GRADO: **5°** SECCION: **B** TURNO: compl

BIMESTRE	LENGUA	MATEMATICA	CIENCIAS DE LA NATURALEZA	ESTUDIOS SOCIALES	ACTIVIDADES PRACTICAS	EDUCACION PLASTICA	EDUCACION MUSICAL	EDUCACION FISICA	IDIOMA EXTRANJERO	COLABORACION	RESPONSABILIDAD	CONPORTAMIENTO EN LA ESCUELA	ASEO Y PRESENTACION	SE DESTACA EN	TIENE DIFICULTADES EN	ASISTENCIAS	INASISTENCIAS	LLEGADAS TARDES	MAESTRO	DIRECTOR	PADRE, TUTOR O ENCARGADO
1o.	MB	MB	MB	MB	MB	MB	MB	MB	MB	MB	MB	MB	MB	Lectura y Redacción	—	39	-	1			
2o.	MB	S	MB	MB	MB	S	S	MB	MB	MB	MB	MB	MB	Lengua	—	42	3	-			
3o.	MB	S	MB	MB	MB	S	S	S	MB	MB	MB	MB	MB	Matemát. Lengua	—	42	7	-			
4o.	MB	S	S	S	S	S	S	S	MB	MB	MB	MB	MB		—	42	2	1			

NOTA: Escala conceptual: S. sobresaliente; MB. muy bueno; B. bueno; R. regular; I. insuficiente.

Síntesis Anual *excelente alumna. Felicitaciones!*
Promovido a *sexto grado.*
Firma y Sello del Director

Este boletín informa sobre el progreso del alumno, teniendo en cuenta el grado de madurez y ritmo de aprendizaje en las distintas áreas del currículum así como también la formación de sus hábitos, habilidades y actitudes valorativas dentro del ámbito escolar y sus intereses particulares para las distintas actividades

Actividades prácticas are the laboratory portions of science, language, art, or music courses. Examples of **educación plástica** are painting and sculpture.

1. In what grade is the student? _____

2. In the second **bimestre** *(2-month period)*, in what classes did Liliana excel? (There are three.) _____

   What is her best *academic* subject?

   _____

3. Write down the name of at least one class Liliana took that you did not take when you were her age. _____

B. **¡Las categorías!** Reorganize the following list by putting each noun in one of the appropriate categories that follow. Some nouns may fit in more than one of the categories.

el fútbol   las matemáticas   la química
las lenguas   las ciencias   el tenis
el español   la música   la historia
la literatura   la ópera   la biología

1. los deportes y las actividades_____

_____

2. las artes_____

_____

3. las asignaturas *(school subjects)* _____

_____

◆ R E P A S O ─── ▼

The verb **gustar**

Me gusta la cinta.	**Me gustan las cintas.**
Te gusta la cinta.	**Te gustan las cintas.**

── ▲

C. **¿Qué te gusta?** Look at the following pairs of drawings and indicate which of the two you like.

MODELO: *Me gustan las cintas.*

1. _____ 2. _____

3. _____ 4. _____

D. **Me gusta...** Think of two items in each of the following categories and indicate your attitude toward them.

MODELO: las asignaturas: *historia, ciencias*

Me gusta la historia, pero no me gustan las ciencias.

1. las bebidas _____

_____

2. los deportes y las actividades_____

_____

3. las artes_____

_____

4. las asignaturas _____

_____

E. **Entrevista** *(Interview)* Carlota, a student from Argentina, will be attending your school for the semester. As a reporter for the school newspaper, ask her about her interests. Use the cues and follow the model to give both your question and her response.

MODELO: ciencias / historia

¿Te gustan las ciencias?

Sí, me gustan las ciencias, pero no me gusta la historia.

1. naturaleza / animales

_____

_____

2. arte / deportes

_____

_____

3. música rock / escuchar la música clásica

_____

_____

4. tomar refrescos / limonada

_____

_____

5. comer cacahuetes / calamares

_____

_____

◆R◆E◆P◆A◆S◆O◆ ━━━━━━━━━━━━━━━━━━━━━━━━━━ ▼

Ser + de for possession

El libro **es de Juan.**   Los lápices **son de él.**
La calculadora **es de María.**   Las mochilas **son de ella.**

▲

F. **Yo sé** *(I know)* **de quién es.** You have a good memory, so you find it easy to identify the owners of the following items.

MODELO: la computadora / Enrique

Es la computadora de Enrique.

1. el bocadillo / Susana

_____

2. las grabadoras / la profesora

_____

3. las llaves / los Sres. Santillana

_____

4. el sacapuntas / Gil

_____

5. la cartera / Inés

_____

6. los bolígrafos / Luz

_____

G. **Mis gustos** Look at the following pairs of drawings and indicate which of the two items pictured in each you like better.

Pedro

Miguel

MODELO: *Me gusta más el coche de Pedro.*_____

Anita

Elena

1. _____

Esperanza

León

2. _____

Juan

Tina

3. _____

Alberto

Érica

4. _____

H. **¡En la variedad está el gusto!** *(Variety is the spice of life!)* Identify the items pictured in the following general categories.

Las películas

MODELO: *la película cómica*

1. _____   2. _____   3. _____

_____   _____   _____

El arte

4. _____   5. _____

Los animales

6. _____ 7. _____ 8. _____

Los deportes

9. _____ 10. _____ 11. _____

_____ _____ _____

12. _____ 13. _____

_____ _____

La música

14. _____ 15. _____ 16. _____

_____ _____ _____

◆R◆E◆P◆A◆S◆O◆ ──────────────────────────────── ▼

-er and **-ir** verbs

Subject	Ending	**correr**	**vivir**
yo	**-o**	corr**o**	viv**o**
tú	**-es**	corr**es**	viv**es**
él ella Ud. }	**-e**	corr**e**	viv**e**
nosotros	**-emos** / **-imos**	corr**emos**	viv**imos**
vosotros	**-éis** / **-ís**	corr**éis**	viv**ís**
ellos ellas Uds. }	**-en**	corr**en**	viv**en**

── ▲

I. Change the infinitives to the appropriate form and write the complete sentence.

MODELO: Yo / comer / en el café

Yo como en el café.

1. Yo / beber / limonada / en la cafetería

_____

2. Yo / vivir / en un apartamento

_____

3. Tú / aprender / español

_____

4. Tú / escribir / mucho / en inglés

_____

5. Él / leer / el libro de Paquita

_____

6. Ella / compartir / sus discos

_____

7. Ud. / comprender / bien las matemáticas

_____

8. Nosotras / vender / nuestras bicicletas

_____

9. Nosotros / vivir / en los Estados Unidos

_____

10. Ellos / correr / todos los días

_____

11. Ellas / recibir / muchas cartas (letters)

_____

12. Uds. / compartir / sus cintas

_____

13. Vosotros / vivir / en la casa grande / ¿no?

_____

14. Vosotras / vender / el coche

_____

J. **Algunas preguntas** Answer the following questions affirmatively.

MODELO: ¿Escribes en inglés?

Sí, yo escribo en inglés.

1. ¿Viven ellos en una casa?

_____

2. ¿Aprenden Uds. español?

_____

3. ¿Lee ella un libro en su cuarto?

_____

4. ¿Bebe Ud. muchos refrescos?

_____

5. ¿Vende Juan su grabadora?

_____

6. ¿Compartes tu bicicleta?

_____

7. ¿Escribe Miguel muchas cartas?

_____

K. **¿Qué hacen?** *(What are they doing?)* Look at the following drawings and indicate what each person is doing.

MODELO: *La señora Monteros escribe.*

la señora Monteros

Juan

Teresa

1. _____   2. _____

los señores Ramos

Francisco

3. _____

_____

4. _____

_____

Rogelio y Laura

5. _____

_____

L. **Una carta** *(A letter)*   You are writing to your penpal Rosa in Barcelona, Spain. She understands English, but you want to impress her with your Spanish. Tell your friend as much as you can about yourself, your house, your room, your school, your likes and dislikes. You can use expressions of greeting and farewell for starting and ending your letter.

Querida Rosa,

Un abrazo

CAPÍTULO SEIS

¡Ésta es mi familia!

Vocabulario

Para charlar

Para preguntar

¿Cuántas?
¿Cuántos?
¿Dónde?
¿Por qué?
¿Qué?
¿Quién?
¿Cómo es? / ¿Cómo son?

Temas y contextos

La familia

una abuela	un hijo
un abuelo	una madre
una esposa	un padre
un esposo	una prima
una hermana	un primo
un hermano	una tía
una hija	un tío

Vocabulario general

Adjetivos

aburrido(a)	divertido(a)	moreno(a)
alto(a)	feo(a)	pelirrojo(a)
antipático(a)	gordo(a)	pequeño(a)
bajo(a)	guapo(a)	rubio(a)
bonito(a)	inteligente	serio(a)
bueno(a)	interesante	simpático(a)
delgado(a)	malo(a)	tonto(a)

Sustantivos	*Verbos*	*Otras expresiones*
un apellido	tener	cada domingo
una ciudad	tener que	Está casado(a) con…
un nombre		Se llama…
unas personas		

Primera etapa

A. **¡Leamos!** When family members die, relatives often place a notice in the newspaper honoring their memories. Read this notice, then answer the questions that follow.

DON JUAN JOSE VILLEGAS LOZANO

DOCTOR INGENIERO DEL ICAI
FUNDADOR Y CONSEJERO DE LINGOTES ESPECIALES, S.A.

FALLECIDO EN MADRID EN ACCIDENTE DE CIRCULACION
EL DIA 22 DE ABRIL DE 1990
D. E. P.

Su esposa, Fuencisla Mendoza de Arroquia; hijos, Fuencisla, Juan José, Aurelio, María, Pablo y Sofía; sus nietas Conchita y Celia; hermanos, Sofía, Filiberto y Eusebio; primos, sobrinos y demás familia

RUEGAN una oración por su alma.

---

1. Did Juan José Villegas Lozano have any sisters? If so, what is her (their) name(s)?

   _____

   _____

2. Don Juan José had two relatives named Fuencisla. How are they related to him? Is Fuencisla a masculine or feminine name?

   _____

   _____

   _____

3. How are Filiberto and Eusebio related to Don Juan José?

   _____

   _____

B. **La familia de Gilberto** Identify the following members of Gilberto's family in the spaces provided below their names.

C. **Tu familia** Answer the following questions about your family.

1. ¿Cuántas personas hay en tu familia?

_____

2. ¿Cómo te llamas?

_____

3. ¿Cómo se llama tu padre?

_____

4. ¿Cómo se llama tu madre?

_____

5. ¿Cuál es tu apellido?

   _____

6. ¿Vives con tus abuelos?

   _____

7. ¿Cómo se llaman tus abuelos?

   _____

 REPASO

The irregular verb **tener**.

yo	**tengo**	nosotros	**tenemos**
tú	**tienes**	vosotros	**tenéis**
él		ellos	
ella	} **tiene**	ellas	} **tienen**
Ud.		Uds.	

D. **¿Qué tienen?** Complete the following sentences with the correct form of **tener**.

   MODELO: Tomás _tiene_ ocho primos en México.

   1. Mi abuela _____ quince libros en su escritorio.

   2. Nosotras _____ nuestro estéreo en el estante.

   3. Ellos _____ una computadora en su cuarto.

   4. ¿_____ Uds. patatas bravas y chorizo?

   5. Yo no _____ mis cuadernos en mi mochila.

   6. Mi padre _____ una calculadora en su portafolio.

   7. Mis hermanos no _____ un radio despertador.

   8. José Rodríguez Latorre _____ dos apellidos.

 REPASO

tener que + infinitive
   Yo **tengo que estudiar**.   Él **tiene que escribir** la lección.

E. **¿Qué tienen que practicar?** Based on the drawings, indicate what these people need to do.

MODELO: *Pablo tiene que practicar el básquetbol.*

Pablo

Domingo

Cristina

1. _____ 2. _____

   _____   _____

Arturo y Mario

Felipe

3. _____ 4. _____

   _____   _____

F. **¿Qué tienen que estudiar?** Based on the drawings, indicate what the following people need to study.

David

Ester y Fernando

1. _____

   _____

2. _____

   _____

Sara

Mark

3. _____

   _____

4. _____

   _____

G. **Las vacaciones** Your family is about to leave on vacation, but first you want to make sure that everyone has what he or she needs. Use the appropriate form of tener to form your questions.

MODELO: las llaves / abuelo

¿Tiene el abuelo las llaves?

1. la cámara / Pablo

_____

2. nuestros discos / nosotros

_____

3. unos libros / tú

_____

4. mi grabadora / yo

_____

5. sus bicicletas / mamá y papá

_____

Segunda etapa

H. **¡Leamos!** Read the description of his family given by Roberto Vargas. Draw a family tree based on the description, then answer the questions.

> *Me llamo Roberto Vargas. Vivo con mi familia en Madrid, España. Mi padre se llama Emilio y es un hombre de negocios. Mi madre es profesora. Ella se llama Viviana. Vivimos en un apartamento. Hay cinco personas en mi familia. Mis padres trabajan y mis hermanas y yo estudiamos. Tengo dos hermanas. Mi hermana Elena lee mucho y le gusta estudiar. A mi hermana Marta le gusta tocar la guitarra. Mi tío Oscar, el hermano de mi padre, y su esposa Clara tienen dos hijos. Son mis primos y se llaman Andrés y Guillermo. Mi abuelo, el padre de mi madre, vive en Toledo con mi abuela. Se llaman Raúl y Luisa. Los padres de mi padre viven en Granada. Ellos se llaman Mateo y María.*

1. Where does Roberto's family live?

   _____

2. Which set of grandparents lives the closest to Roberto? (Use the map of Spain in your textbook.)

   _____

3. Whose parents are Mateo and María?

_____

4. Whose brother is Oscar?

_____

◆R◆E◆P◆A◆S◆O◆——————————————————————————▼

Information questions

¿Dónde...?	¿Quién...?	¿Cómo...?
¿Cuántos...?	¿Qué...?	
¿Cuántas...?	¿Por qué...?	

——————————————————————————————————————▲

I. **Tus preguntas** You are trying to get to know Ángel, a Spanish exchange student in your school. Here are the answers he has given to your questions. Write the questions that you asked.

MODELO: *¿Dónde vives?*

Vivo en Santander.

1. _____

Hay seis personas en mi familia.

2. _____

Tengo dos hermanas y un hermano.

3. _____

Se llaman María Josefa, Victoria, y Fernando.

4. _____

Es mi hermano Fernando.

5. _____

Estudio matemáticas, inglés, y literatura.

6. _____

Porque tengo un examen de matemáticas mañana.

7. _____

Tengo tres exámenes.

8. _____

Estudio en mi cuarto.

J. **Una entrevista** You have been chosen to interview the new Colombian exchange student at your school. Prepare questions in Spanish that you could ask in order to get the following information. Do not translate from English word for word. Instead, look for Spanish equivalents. Use the familiar **tú** form.

1. his or her name

   _____

2. where he or she lives

   _____

3. whether he or she lives in an apartment

   _____

4. how many brothers and sisters he or she has

   _____

5. what he or she is studying

   _____

6. if he or she likes sports

   _____

K. **Para continuar la conversación** (*To keep the conversation going*) You are talking with some friends. Whenever someone makes a statement, you take it upon yourself to keep the conversation going by asking a question. Use the question word in parentheses.

MODELO: Me gustan los gatos. (cuántos)

   ¿Cuántos gatos tienes?

1. Mis hermanos comparten un cuarto. (cuántos)

   _____

2. Mi abuelo no vive en Madrid. (dónde)

   _____

3. No me gusta nuestro perro. (por qué)

   _____

4. Un amigo vende su coche. (quién)

   _____

5. Lupe busca algo *(something)*. (qué)

_____

6. Tengo una bicicleta y una motocicleta. (por qué)

_____

7. Mi hermana está en casa *(at home)*. (dónde)

_____

8. Ellos compran muchas cosas *(things)*. (qué)

_____

9. La abogada lleva su portafolio. (por qué)

_____

◆R◆E◆P◆A◆S◆O◆ ──────────────────────────────── ▼

ser + adjective

   Él es **alto**.   Juan y José son **altos**.
   Ella es **alta**.   María y Carmen son **altas**.

── ▲

L. **¡Al contrario!** *(Just the opposite!)* You are visiting with an uncle who hasn't kept up with the family for a number of years. Indicate that his observations are all wrong.

MODELO: Tu hermana es rubia, ¿verdad?

No. Es morena.

1. Tu padre es bajo, ¿verdad?

_____

2. Tu madre, es morena, ¿verdad?

_____

3. Tus abuelos, son antipáticos, ¿verdad?

_____

4. Tus primas son gordas, ¿verdad?

_____

5. Tu hermano es aburrido, ¿verdad?

_____

6. Tú eres serio(a), ¿verdad?

_____

7. Yo soy inteligente, ¿verdad?

_____

M. **Así son mis parientes** *(My relatives are like that)* Choose one of your relatives in each of the following categories. After giving a short description of that person (characteristics like personality, size, hair color), explain how he or she is related to you and tell a little bit about his or her life.

MODELO: tío

Mi tío se llama Beltrán. Él es tonto y muy divertido. Es bajo, rubio, y no muy guapo. Es el hermano de mi madre. A él le gustan la naturaleza y los animales. ¡Tiene doce gatos, siete perros, y catorce pájaros en su casa! Lee mucho y trabaja mucho.

1. primo

_____

_____

_____

_____

_____

2. tía

_____

_____

_____

_____

_____

3. prima

_____

_____

_____

_____

_____

4. tío

_____

_____

_____

_____

_____

AQUÍ LEEMOS

Permítame presentarme

Me llamo Joaquín Mendoza y soy chileno. Yo estudio las ciencias este año en Boston. Me gustan mucho las ciencias, en particular la química. Es mi primera visita a los Estados Unidos. Quisiera hablar muy bien el inglés y quisiera aprender mucho en el laboratorio. Deseo concocer a los norteamericanos también.

Vivo con una familia norteamericana. El padre es profesor de ciencias políticas en la Universidad de Boston y mi "madre norteamericana" es psicóloga. Ellos tienen un hijo y una hija. Viven en una casa grande. Tengo mi propio cuarto donde hay una grabadora y unas cintas mexicanas y norteamericanas. Me gusta muchísimo la música y cuando leo y estudio me gusta escuchar música clásica. Tengo muchos libros y una máquina de escribir. Miro muy poco la televisión. Boston es muy bonito y me gusta mucho.

Mi familia vive en Santiago, Chile. Tengo dos hermanos y una hermana. Mi padre es abogado y mi madre es periodista. Ellos viven en un apartamento grande. Tenemos un perro y dos gatos. A mis hermanos les gustan muchísimo los deportes, y mi hermana trabaja en una clínica.

A. **Las palabras evidentes** Circle in the reading all the cognates whose meanings you can guess because of their similarity to English.

B. **¿Cierto o falso?** On the basis of the reading passage, indicate which of the following statements about Joaquín Mendoza are true (**cierto**) and which are false (**falso**).

_____ 1. Él es español.

_____ 2. Él estudia la política.

_____ 3. Él quisiera hablar inglés bien.

_____ 4. Él tiene una tía norteamericana.

_____ 5. Le gusta el jazz.

_____ 6. Le gusta la televisión.

_____ 7. Hay seis personas en su familia en Chile.

_____ 8. El padre y la madre de Joaquín trabajan.

_____ 9. La hermana de Joaquín es estudiante universitaria.

_____ 10. Cree que (*He thinks that*) Boston es muy feo.

C. **Un autorretrato** Your class is going to Spain for a two-week visit. As part of your trip, you will stay with a Spanish family. To help the organizers match students and families, each American student has been asked to write a short self-portrait. Give basic information about yourself (such as your name, where you live, and where you are from) and describe your family, your possessions, your activities, and your likes and dislikes. Use a separate sheet of paper.

D. **Juego: ¿Quién gana la computadora?** Five students of different nationalities are attending school in Switzerland. One of them would like a computer, but his or her parents can't afford to buy one. Consequently he or she enters a lottery and wins the first prize — a computer! Using the clues given on the next page, figure out which of the five students wins the computer.

HINT: After reading each clue, write something down. If you can fill in one of the boxes in the chart, do so. For example, the first statement (**El estudiante mexicano tiene un hermano y una hermana**) tells you to put **la ciudad de México** in the city box next to the number 2 in the brother / sister column. If you don't have enough information to fill in a box, jot down a connection. For example, for **Enrique tiene muchos discos**, write **Enrique — discos — música**.

ATTENTION: Only one name, number or item can fit into each box.

- Los estudiantes se llaman Juan, Luisa, Enrique, Sara y David.
- Ellos son de Londres, París, Nueva York, la ciudad de México y Madrid.
- Tienen el número siguiente de hermanos y hermanas: 0, 1, 2, 3, 4.
- Las profesiones de los padres de los estudiantes son abogado, ingeniero, hombre de negocios, médico y profesor.
- Los estudiantes tienen estos intereses *(these interests)*: la literatura, el fútbol, las películas, la naturaleza, la política.
- Tienen (o quisieran tener) un coche, un vídeo, una computadora, una motocicleta y un estéreo.

1. El estudiante mexicano tiene un hermano y una hermana.
2. Enrique tiene muchos discos.
3. La estudiante inglesa lee mucho sobre *(about)* las elecciones.
4. Enrique no es mexicano.
5. El padre de Sara trabaja en una escuela.
6. El estudiante con una Kawasaki 500 tiene un hermano.
7. Sara mira las películas de horror.
8. El padre de Sara habla español en casa.
9. El hijo del médico quisiera escuchar música.
10. El estudiante mexicano mira los deportes en la TV.
11. El médico tiene tres hijas y dos hijos.
12. El hijo del hombre de negocios lee los libros de Shakespeare, Cervantes, y Molière.
13. Juan quisiera jugar al *(to play)* fútbol.
14. Luisa es la hija del ingeniero.
15. Sara tiene dos hermanos y una hermana.
16. El padre mexicano no es ingeniero, y él no trabaja en los negocios.
17. David quisiera estudiar en Columbia University.
18. El hijo del abogado tiene un Volkswagen.
19. La hija del profesor comparte sus vídeos con sus amigos.
20. El hijo del hombre de negocios tiene un hermano, pero no tiene hermanas.

Nombre	Ciudad	Hermanos y hermanas	Profesión del padre	Actividades	Posesiones
		0			
		1			
	Ciudad de México	2			
		3			
		4			

NOTES:

Enrique — discos — música

◇◇◇◇◇◇◇ TERCERA UNIDAD ◇◇◇◇◇◇◇

¿Dónde y a qué hora?

Planning Strategy

The Spanish-speaking exchange student in your school is having trouble giving and getting directions. Suggest some phrases and sentences she might use to accomplish the following tasks.

1. *Finding out from a stranger the location of the town library*

   _____

   _____

   _____

2. *Finding out from a friend if there is a drugstore nearby*

   _____

   _____

   _____

3. *Explaining to a friend how she walks from school to your house (or from the bus stop to your house)*

   _____

   _____

   _____

4. *Explaining to a passerby how to get from school to the center of town*

   _____

   _____

   _____

¿Adónde vamos?

Vocabulario

Para charlar _____

Para contestar el teléfono

¡Bueno!
¡Diga / Dígame!
¡Hola!

Para disculparse

Lo siento.

Para preguntar la edad

¿Cuántos años tienes?

Temas y contextos _____

Los edificios y los lugares públicos

un aeropuerto
un banco
una biblioteca
una catedral
un cine
un club
un colegio
el correo
una discoteca
una escuela secundaria
una estación de autobuses
una estación de policía

una estación de trenes
un estadio
un hospital
un hotel
una iglesia
un museo
un parque
una piscina
una plaza
un teatro
una universidad

Las tiendas

una carnicería
una farmacia
una florería
una librería
un mercado
una panadería

Los números

veinte
veintiuno
veintidós
veintitrés
veinticuatro
veinticinco
veintiséis
veintisiete
veintiocho
veintinueve

treinta
treinta y uno
treinta y dos
cuarenta
cincuenta
sesenta
setenta
ochenta
noventa
cien

Vocabulario general _____

Verbos

ir
querer (ie)
preferir (ie)
venir

Otras palabras y expresiones

¿Adónde vamos?
a menudo
al
una conversación telefónica
de vez en cuando
en otra oportunidad
nunca
rara vez
tener… años
tener hambre
tener sed

Primera etapa

A. **¡Leamos!** Read this calendar of events for October 19 in the city of Salamanca, Spain. Then complete Pedro's explanation of where he and the other members of his family are likely to go.

EL DÍA el 19 de octubre
Exposición de pintura religiosa, El Greco, Murillo. Catedral nueva.
Manuscritos y libros ilustrados, Faulkner, Hemingway, Fitzgerald. Biblioteca Municipal.
Debate, "El conflicto en el Medio Oriente." Universidad de Salamanca.
Festival del otoño, Orquesta Colón (Haydn, Mozart, Stravinski). Iglesia San Marcos.

A mi familia y a mí nos gustan cosas diferentes. Mi hermano es abogado y le gusta la política. Mi madre lee muchos libros norteamericanos, pero a mi padre le gusta más el arte.

Así, mi hermano va a _____, mi madre va a _____,

y mi padre va a _____. A mi abuelo le gustan los artistas famosos. Él

va a _____. A mi abuela le gusta leer. Ella va a

_____. ¿Y yo? A mí me gusta mucho la

música. Yo voy a _____.

B. **¿Dónde están?** Identify each of the places pictured in the drawings.

MODELO: _una estación de policía_

1. _____

2. _____   3. _____

4. _____   5. _____

6. _____   7. _____

C. **Mi pueblo (Mi barrio)** Describe your town or, if you live in a large city, your neighborhood **(barrio)** by giving precise information about what is or is not located there. Mention each of the following: **una estación de trenes, un aeropuerto, una catedral, una iglesia, un colegio, una escuela secundaria, una universidad, una biblioteca, un hospital, el correo,** and **un mercado.**

MODELO: *En mi pueblo (En mi barrio) hay tres iglesias, pero no hay un hospital.*

_____

_____

_____

_____

_____

_____

_____

_____

_____

_____

REPASO ▼

The present tense of the irregular verb **ir**

yo	**voy**	nosotros	**vamos**
tú	**vas**	vosotros	**vais**
él		ellos	
ella	} **va**	ellas	} **van**
Ud.		Uds.	

▲

D. **Me quedo en casa** (*I'm staying home*). You are sick and cannot go out, but you are very curious about where various members of your family are going. Complete each question with the appropriate form of the verb **ir**.

1. ¿Adónde _____ Rocío?

2. Tú y Paco, Uds. _____ a la biblioteca, ¿verdad?

3. Y los abuelos, ¿adónde _____ ellos?

4. Y tú, Adela, ¿adónde _____ tú?

5. Y Francisco y Mariluz, ¿adónde _____ ellos?

E. **¿Vas a Madrid a menudo?** Using the number in parentheses as a guide to the number of trips per month, indicate how frequently each person goes to Madrid. Remember that **rara vez, a menudo,** and **de vez en cuando** either begin or end the sentence and that **nunca** usually precedes the verb.

MODELO: Diego Villamil (1)

Diego Villamil va a Madrid rara vez. _____

1. yo (10) _____

2. Susana Puente (4) _____

3. nosotros (1) _____

4. tú (5) _____

5. los Sres. Rodríguez (0) _____

F. **¡Leamos!** Choose four people (yourself and three family members or friends) with varying interests. Read the following extract from a visitor's guide to Madrid, looking for the activity that each person would enjoy the most. Then write down *in English* what each of the four people would do and why.

ESPECTÁCULOS
el 20 de octubre

Teatros

Bellas Artes, **La guerra de nuestros antepasados** (Miguel Delibes)
Marquina, **La cinta dorada** (María Manuela Reina)
Teatro Real, **Comedia sin título** (Federico García Lorca)

Discos

Macumba, Estación Chamartín, abierto hasta las 3:00
Pachá, Barceló 11, adornado como Studio 54 en Nueva York
Rock Ola, Padre Xifré 5, nueva ola *(new wave)*

Flamenco

Arco de Cuchilleros, Cuchilleros 7 (tel. 266 5867)
Corral de la Pacheca, Juan Ramón Jiménez 26 (tel. 259 1056)
Torres Bermejas, Mesonero Romanos 15 (tel. 231 0353)

Conciertos

Ópera, **Tosca** (Puccini)
Teatro de la Zarzuela, Orquesta de la Radio-Televisión Española

Cine

Avenida, **Mujeres al borde de un ataque de nervios**
Imperial, **Una cana al aire**
Rialto, **La furia del viento**

Museos

Convento de las Descalzas Reales, La pintura medieval
Goya Panteón, Los frescos de Goya
Museo del Prado, Velázquez y Murillo

_____

_____

_____

_____

_____

_____

_____

_____

_____

_____

For extra practice at the end of the unit come back to this activity and try it in Spanish!

G. **Nos divertimos** *(We're having fun).* Based on the following pictures, indicate where the people shown have gone to have fun.

MODELO:

un teatro _____

1._____

2._____ 3._____ 4._____

5._____ 6._____ 7._____

The preposition **a** and the definite article

a + el = al
a + la = a la
a + los = a los
a + las = a las

H. **Esta noche** When someone asks where you and your friends are going tonight, everyone has a different suggestion. Fill in the blanks with the appropriate form of **a** and the definite article.

¿Adónde vamos esta noche?

1. ¡_____ museo!

2. ¡_____ teatro!

3. ¡_____ cafés!

4. ¡_____ piscina!

5.¡_____ universidad!

6.¡_____ discotecas!

7.¡_____ parque!

I. **¡Es imposible!** Each time you invite some of your friends to go somewhere, they refuse and explain that it is impossible because they are going somewhere else.

MODELO: yo (cine) / Raquel (biblioteca)

¿Vamos al café?

¡Es imposible! Yo voy al cine y Raquel va a la biblioteca.

1. yo (discoteca) / Miguel (cine)

¿Vamos al teatro? _____

_____

2. Yolanda y Marcela (estadio) / yo (piscina)

¿Vamos al museo? _____

_____

3. Ana María (restaurante) / Vicente y yo (universidad)

¿Vamos al cine? _____

_____

4. yo (iglesia) / mi hermano (estación de trenes)

¿Vamos a la biblioteca? _____

_____

J. **Cuando mi familia va al centro...** Write sentences about the members of your family (or substitute a friend where necessary). Indicate where they go when they visit the nearest big city. When appropriate, use expressions such as **siempre, todos los días,** etc.

1. Mi madre_____

_____

2. Mi hermano _____

_____

3. Yo _____

_____

4. Mis padres _____

_____

5. Mi padre y yo, nosotros

_____

 R E P A S O

The present tense of the irregular verbs **querer** and **preferir**

yo	**quiero** **prefiero**	nosotros	**queremos** **preferimos**
tú	**quieres** **prefieres**	vosotros	**queréis** **preferís**
él ella Ud. }	**quiere** **prefiere**	ellos ellas Uds. }	**quieren** **prefieren**

K. **Todos quieren algo más** (something else). Fill in the blanks with the appropriate forms of the verb **querer**.

1. Pancho _____ mi motocicleta.

2. Yo _____ el televisor a colores de Pancho.

3. Mi hermana Felicidad _____ comprar la cámara de Josefina.

4. Los señores Iglesias siempre _____ leer nuestros libros.

5. Tú _____ mi bicicleta, ¿no?

L. **Las preferencias** Fill in the blanks with the appropriate form of the verb **preferir**.

1. Ella va al estadio porque _____ los deportes.

2. No me gustan las ciencias. Yo _____ el arte.

3. Mis padres no miran la TV porque _____ leer.

4. Nosotras _____ la discoteca porque nos gusta bailar.

5. Y tú, ¿qué _____? ¿Una película o el teatro?

Tercera etapa

M. **¡Leamos!** You are visiting some friends who live in the city of Alicante, Spain. This morning you need to go to the bank, return a library book for them, and buy food for lunch. Study the map. Then explain briefly *in English* where you will go and what you will do there. Use the map to plan an itinerary that will allow you to do your errands as quickly and efficiently as possible.

_____

_____

_____

_____

_____

_____

_____

_____

_____

N. **¿Dónde estamos?** Identify each of the places pictured in the drawings.

MODELO:

<u>una librería</u>

1._____

2._____

3._____

4._____

5._____

O. **¿Adónde va todo el mundo** (everyone)? Your grandparents arrive just as you and your family are going out. They ask you where everyone is going and then try to find out where each place is located.

MODELO: tu hermana Celia / banco / en la Calle San Mateo

¿Adónde va tu hermana Celia?

Ella va al banco.

¿Hay un banco cerca de aquí?

Sí, hay un banco en la Calle San Mateo.

1. tu hermana Isabel / carnicería / en el Paseo de Rosales

_____

_____

_____

_____

2. tu hermano Benjamín / librería / en la Avenida Alcalá

_____

_____

_____

_____

3. tu hermano Mateo / correo / en la Calle Alfonso XII

_____

_____

_____

_____

4. tus padres / farmacia / en el Paseo de Recoletos

_____

_____

_____

_____

P. **El mapa de la ciudad de Sevilla** In making a map of the southern Spanish city of Seville, the printer has inadvertently left off the legend. Using the symbols on the map as a guide, match the names of the various buildings and sites with their numbers. Be sure to include the definite article (**el, la, los, las**). Write the names on the lines provided.

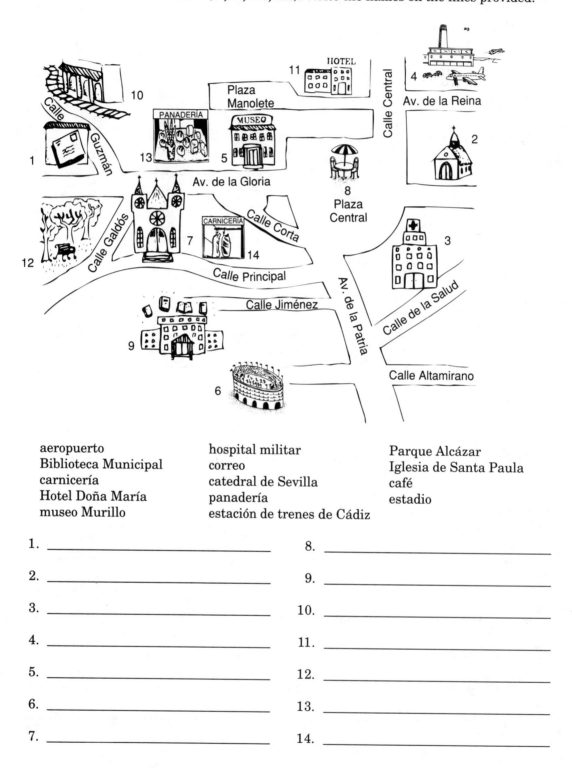

aeropuerto
Biblioteca Municipal
carnicería
Hotel Doña María
museo Murillo

hospital militar
correo
catedral de Sevilla
panadería
estación de trenes de Cádiz

Parque Alcázar
Iglesia de Santa Paula
café
estadio

1. _____

2. _____

3. _____

4. _____

5. _____

6. _____

7. _____

8. _____

9. _____

10. _____

11. _____

12. _____

13. _____

14. _____

◆R◆E◆P◆A◆S◆O◆ —————————————————————————— ▼

The numbers from 20 to 100

20	**veinte**	50	**cincuenta**
21	**veintiuno or veinte y uno**	60	**sesenta**
30	**treinta**	70	**setenta**
31	**treinta y uno**	80	**ochenta**
40	**cuarenta**	90	**noventa**
41	**cuarenta y uno**	100	**cien**

▲

Q. **La temperatura** A student from Spain will be staying with your family this year. She wants to know what the temperature will be like throughout the year, but she is unfamiliar with the Farenheit scale. Below is a list comparing different temperatures in Farenheit and centigrade. Write out the numbers for each.

Farenheit   Centigrade

MODELO:

70 _*setenta*_____   21 _*veintiuno*_____

1. 92 _____   33 _____

2. 48 _____   9 _____

3. 69 _____   20 _____

4. 55 _____   13 _____

5. 86 _____   30 _____

◆R◆E◆P◆A◆S◆O◆ —————————————————————————— ▼

Expressions with **tener**

To ask someone's age in Spanish, use **tener**:

—**¿Cuántos años tienes?**   —**¿Cuántos años tiene** tu hermana?
—**Tengo catorce años.**   —**Tiene cuatro.**

Other expressions that also use **tener** are **tener hambre** and **tener sed**.

—**Tengo hambre.** ¿Y tú?
—No, **yo no tengo hambre,**
  pero **sí tengo mucha sed**.

▲

R. **¿Cúantos años tienen?** You are asking a Spanish friend about his family. Ask how old he and the members of his family are.

MODELO: tu padre / 45

¿Cuántos años tiene tu padre?

Él tiene cuarenta y cinco años.

1. tu hermano Enrique / 23

_____

_____

2. tu hermana Claudia / 19

_____

_____

3. tu abuelo Beltrán / 78

_____

_____

4. tú

_____

_____

S. **¿Por qué?** Based on each statement below, write an explanation for each person's action.

MODELO: Gabriela toma un refresco.

Ella tiene sed.

1. José come cuatro bocadillos.

_____

2. Estela come un pan dulce.

_____

3. Margarita toma tres vasos de agua.

_____

CAPÍTULO OCHO
¿Dónde está... ?

Vocabulario

Para charlar

Para dar direcciones

Cruce la calle…
Doble a la derecha.
     a la izquierda.
Está al final de…
    al lado de…
    cerca de…
    delante de…
    detrás de…
    entre…
    en la esquina de…
    frente a…
    lejos de…
Tome la calle…
Siga derecho por…

Para pedir direcciones

¿Cómo llego a… ?
¿Dónde está…?
¿Está lejos / cerca de aquí?

Vocabulario general

Sustantivos

la playa de estacionamiento
un quiosco de periódicos

Verbos

estar
llegar

Otras palabras y expresiones

del
Sea Ud….
Sean Uds….
Vaya Ud….
Vayan Uds….

A. **¡Leamos!** Read the dialogue below, then answer the questions that follow. Although you will not understand every word, try to figure out the general situation.

En la calle

—Señor, por favor.
—A sus órdenes.
—Yo busco la casa de mis parientes y no la puedo encontrar. Mis tíos viven cerca de la Plaza de Cervantes.
—¿Cúal es su dirección?
—Un momentito. Aquí está. Es la Calle Alcalá, 23.
—Muy bien. No hay problema. Allí está, frente al colegio.
—Muchas gracias, señor. Muy amable.
—De nada, señora. Adiós.

1. Words can sometimes mislead you. In this dialogue, two words that look like English words—**parientes** and **dirección**—do not mean what you might think. How do you know from the rest of the dialogue that **parientes** does not mean "parents" and that **dirección** does not mean "direction"? What do you think they mean? Write your answer *in English* and explain what helped you to decide.

_____

_____

2. Describe briefly *in English* the situation presented in this dialogue.

_____

_____

_____

B. **El pueblo de Domingo** Domingo lives in a small town in the province of Huesca in Spain. Based on the map, complete his description of his town on the next page by using the prepositions **cerca de, lejos de, frente a, al lado de, al final de, en la esquina de,** and **en.**

En mi pueblo el hospital está (1)_____ la estación de trenes. El hospital está

(2)_____ el Paseo Doctor Súarez. El correo está (3)_____ la iglesia y

(4)_____ la biblioteca. El parque está (5)_____ la iglesia. La biblioteca

está (6)_____ la Calle Aragón y la Avenida Madrid.

C. **Balboa y la caja** *(box)* Balboa is a visitor from outer space. He's always moving around.
Tell where he is in the drawings below. Use **en, entre, delante de,** or **detrás de**.

1.   2.   3.   4.

1. _____

2. _____

3. _____

4. _____

◆ R E P A S O ◆ ━━━━━━━━━━━━━━━━━━━━━━━━━━━━━━▼

The preposition **de** and the definite article

    de + el = del
    de + la = de la
    de + los = de los
    de + las = de las

━━━━━━━━━━━━━━━━━━━━━━━━━━━━━━▲

D. **¿De quién es?** Ask questions to find out who owns the following items.

    MODELO: llave / señor / señora

        ¿Es la llave del señor? _____

        ¿Es la llave de la señora? _____

    1. motocicleta / profesor / profesora

    _____

    _____

2. computadora / ingeniero / secretarios

_____

_____

3. escritorio / médica / enfermeras

_____

_____

◆R◆E◆P◆A◆S◆O◆ ─────────────────────────────── ▼

Prepositions of place

al lado de   **detrás de**
al final de   **en la esquina de**
cerca de   **frente a**
delante de   **lejos de**

Remember that **de** is not used with the preposition **entre**.

── ▲

E. **¿Dónde queda... ?** Using the prepositions **cerca de, lejos de, frente a, al lado de, al final de,** and **en la esquina de,** locate as precisely as possible the following places in Seville, Spain. (See the map on page 94.)

MODELO: la panadería
Está cerca de la estación de trenes, frente a la Catedral de Sevilla.

1. el Teatro El Arenal _____

_____

2. la Biblioteca Municipal _____

_____

3. el correo_____

_____

4. el Parque Alcázar _____

_____

5. la Iglesia Santa Paula _____

_____

6. el Hotel Doña María _____

_____

F. **El pueblo donde yo nací** (*where I was born*) Using prepositions of place (**cerca de, frente a, detrás de, entre,** etc.), describe where the following places are located in your hometown or city. Add proper names where appropriate—**el restaurante Criterión, el Hospital Memorial,** etc.

MODELO: mi casa

Mi casa está cerca de la biblioteca Highland. _____

Está detrás de la iglesia First Methodist. _____

1. mi casa _____

_____

2. la estación de trenes _____

_____

3. una iglesia _____

_____

4. una escuela _____

_____

5. el correo _____

_____

6. un restaurante _____

_____

◆R◆E◆P◆A◆S◆O◆ ▼

The present tense of the irregular verb **estar**

yo	**estoy**	nosotros	**estamos**
tú	**estás**	vosotros	**estáis**
él		ellos	
ella	} **está**	ellas	} **están**
Ud.		Uds.	

▲

G. **Para practicar** Complete the following sentences with the appropriate form of the verb **estar.**

1. Mis profesores _____ en el colegio.

2. Yo _____ en el Cine Rialto.

3. Pedro _____ en la librería en la esquina de la Calle Mayor.

4. Los hijos de la Sra. Gallego _____ en el parque.

5. Y tú, ¿dónde _____ ?

Segunda etapa

H. **¡Leamos!** In guidebooks, writers often use the infinitive rather than the present tense or the imperative when laying out an itinerary. Read the following itinerary for a tour of Segovia, a city northwest of Madrid. Then draw the route on the map.

> • Comenzar la excursión al final de la Calle de Daoiz y del Paseo de Ronda.
>
> • Visitar el Alcázar. Hay plazas de estacionamiento cerca.
>
> • Al terminar la visita al Alcázar, caminar al final de la Calle de Daoiz a la Plaza Merced. Ir derecho al final de la Calle Marqués del Arco donde está la catedral. Frente a la catedral está la Plaza Mayor. Allí está la Oficina de Turismo. Visitar la catedral y tomar algo en un restaurante o café en la Plaza Mayor.
>
> • Pasar por la Calle Real a la Calle Juan Bravo a la Iglesia San Martín. Seguir la Calle Cervantes a la Plaza de Azoguejo al pie del acueducto.¡Magnifíco!

I. **Falta algo** (*Something's missing*) You and your friends have been given instructions on how to get to various points in Madrid. Unfortunately, certain parts of the instructions can't be read. Refer to the map on the next page and fill in the missing words in the instructions that follow.

NOTE: *Use the appropriate form of the verbs **tomar**, **cruzar**, **ir derecho**, and **doblar**.*

Su punto de partida es la Plaza de Oriente. _____ Ud. la Calle del

General y _____ a la Puerta del Sol. _____ la Puerta del Sol y

_____ por la Carrera de San Jerónimo hasta llegar al Paseo del Prado.

_____ a la derecha. El Museo del Prado está cerca a la izquierda.

_____ a la izquierda en la Calle Atocha y _____ hasta la Calle

de Alfonso XII. _____ a la izquierda en la Calle de Alfonso XII. ¡Ahora

está frente al Parque del Retiro!

J. **¿Como llego a**...? Using the map of Madrid above, complete the following conversations by giving directions to the locations mentioned. Be sure to pay attention to your starting point.

1. *Tú estás en el Hotel Los Álamos.*

— Perdón. ¿El Museo del Prado, por favor?

— ¿El Museo del Prado? Sí, está en el Paseo del Prado.

— ¿Está cerca de aquí?

— No,_____

_____

_____

_____

2. *Tú estás frente a la Librería Cervantes.*

   — ¿Hay una biblioteca cerca de aquí?

   — No, pero la Biblioteca Nacional está en la Calle de Alfonso XII.

   — ¿Y cómo llego allí?

   — Bueno, _____

_____

_____

_____

◆ R E P A S O ───────────────────── ▼

The imperative with **Ud.** and **Uds.** (Formal Commands)

-ar verbs:	-er verbs:	-ir verbs:
cantar	**comer**	**escribir**
Cante Ud.	**Coma** Ud.	**Escriba** Ud.
Canten Uds.	**Coman** Uds.	**Escriban** Uds.
Tener	**Llegar**	**Practicar**
Tenga Ud.	**Llegue** Ud.	**Practique** Ud.
Tengan Uds.	**Lleguen** Uds.	**Practiquen** Uds.
Ir	**Ser**	**Cruzar**
Vaya Ud.	**Sea** Ud.	**Cruce** Ud.
Vayan Uds.	**Sean** Uds.	**Crucen** Uds.

K. **Los niños** You have been left with Paquito and Rosita, the three- and four-year-old children of your parents' Costa Rican friends. At various times you have to tell the children what to do and what not to do.

MODELO: no correr y ser buenos

No corran y sean buenos.

1. no hablar español y practicar inglés

_____

2. ir al cuarto y mirar la televisión

_____

3. tener paciencia y buscar las bicicletas

_____

L. **Para ir a...** A friend of your parents who speaks only Spanish is staying with your family for a few days. Give this person simple directions from your house to two places (of your choice) in the town. To be as specific as possible, mention streets, landmarks, etc.

MODELO: *Para ir a la farmacia, doble Ud. a la izquierda en la Calle Main. Cruce Ud. la calle, y la farmacia está al lado del Restaurante White Hat.*

1. _____

_____

_____

_____

2. _____

_____

_____

_____

CAPÍTULO NUEVE
¡La fiesta del pueblo!

Vocabulario

Para charlar

Para preguntar y dar la hora

¿Qué hora es?
Es la una y media.
Son las tres menos veinte.

¿A qué hora?
¿Cuándo?
A las cinco de la mañana.
A la una de la tarde.
A las nueve de la noche.
Desde… hasta…
Entre… y…
Al mediodía.
A la medianoche.

Temas y contextos

La Fiesta del Pueblo

unos bailes folklóricos
un baile popular
un concurso de poesía
un desfile
el Día de la Independencia
una feria
unos fuegos artificiales
la misa de Acción de Gracias
un premio

Vocabulario general

Adjetivos	*Verbos*	*Otras expresiones*
aburrido(a)	anunciar	ahora
cansado(a)	celebrar	de acuerdo
contento(a)	descansar	¿Dónde nos encontramos?
enfermo(a)	venir	entonces
enojado(a)		mejor
hispano(a)		para
listo(a)		por supuesto
triste		su / sus
		todo(a)
		una vez al año

Primera etapa

A. **¡Leamos!** Read the program of activities for a festival in Valencia, Spain, then pick out at least four activities that various members of your family would particularly like. Specify the family member who would like each activity.

El programa de festividades de San Nicolás

VIERNES, 7 DE DICIEMBRE

20:30 — Concierto de corales, Plaza del País Valenciano (entrada gratis).

SÁBADO, 8 DE DICIEMBRE

Ferias en varios barrios de la ciudad con las sociedades musicales exteriores y la participación de músicos locales y militares.

De 14:30 a 17:00 — Espectáculos para niños, Jardines del Palacio Real.

DOMINGO, 9 DE DICIEMBRE

9:00, 11:00, 12:00 — Misa de Acción de Gracias en la Iglesia de San Nicolás, Calle Abadía.

De 13:00 a 14:30 — Bailes folklóricos, con la participación de los Bailadores Cantares.

De 15:00 a 17:00 — Comidas navideñas, Plaza del País Valenciano. Se servirán en varios cafés y restaurantes. Precios fijos.

17:15 — Partida del desfile de los Torres Serranos, Plaza de los Fueros en la esquina de Conde Trenor, Blanquerías y Calle de Serranos. Seguirá la ruta siguiente: Conde Trenor, Calle Pintor López, Plaza de Tetuán, General Tóvar, Plaza Alfredo el Magnánimo, Pintor Sorolla, Barcas.

18:45 — Llegada del desfile a la Plaza del País Valenciano.

19:00 — Llegada de San Nicolás, Plaza del País Valenciano, donde el alcalde le dará la llave de la ciudad.

19:15 — Espectáculo piro-musical sobre la leyenda de San Nicolás. Fuegos artificiales.

---

1. _____

2. _____

3. _____

4. _____

B. **El festival** Some friends from another town are going to the festival in Guatemala City where you live. You are busy working at the festival, so you prepare a suggested itinerary for them. Use the expressions suggested and refer to page 187 in your textbook for the times of the activities. Be sure to use the appropriate command form for each verb.

Expresiones: **comprar algo de comer en una panadería, ir a los bailes folklóricos, escuchar el concurso de poesía, comer algo en la feria de la comida, mirar el desfile, bailar en el Parque Nacional,** and **mirar los fuegos artificiales**

9:30 – Compren Uds. algo de comer en una panadería.

_____

_____

_____

_____

_____

_____

_____

_____

◆R◆E◆P◆A◆S◆O◆ ▼

¿Qué hora es?

Es la una.	(1:00)
Son las dos.	(2:00)
Son las dos y cuarto.	(2:15)
Son las dos y media.	(2:30)
Son las tres menos veinte.	(2:40)
Son las tres menos cuarto.	(2:45)
Es mediodía.	(noon)
Es medianoche.	(midnight)

▲

C. **Las agujas del reloj** (*The hands of the clock*) On the basis of the times given below in Spanish, add the missing hands to each clock.

1. Son las seis y cinco.   2. Son las once menos cuarto.   3. Es mediodía.

4. Son las cuatro y veinticinco.   5. Es la una y media.   6. Son las siete y diez.

D. **¿Qué hora es?** Answer this question for each of the digital clocks shown below.

MODELO:

Son las siete.

1. _____

2. _____

3. _____

4. _____

5. _____

E. **¿A qué hora?** Your friend who will be visiting you for the festival wants to know when the different activities take place. Using the times provided, answer your friend's questions.

MODELO: ¿A qué hora celebran la Misa de Acción de Gracias? / 10:30
   A las diez y media.

1. ¿A qué hora es la feria de la comida? / 12:00

   _____

2. ¿Cuándo son los bailes folklóricos? / 1:30

   _____

3. ¿Cuándo anuncian el premio a la mejor poesía? / 4:00

   _____

4. ¿A qué hora ves el desfile? / 4:30

_____

5. ¿Cuándo es el banquete? / 7:00

_____

 ─── ▼

The present tense of the irregular verb **venir**

yo	**vengo**	nosotros	**venimos**
tú	**vienes**	vosotros	**venís**
él		ellos	
ella }	**viene**	ellas }	**vienen**
Ud.		Uds.	

─── ▲

F. **¡Excusas!** As you read the following reasons why different people cannot attend the festival, fill in the blanks with the appropriate forms of **venir.**

1. Tú no _____ porque no estás bien.

2. Matilda no _____ porque está en México.

3. Gerardo y Alfredo no _____ porque van al cine.

4. Yo no _____ porque mis amigos no _____.

5. Nosotros no _____ porque tenemos que estudiar.

G. **¡Leamos!** Read the train schedule for the Estación Ferrocarril in Segovia, Spain. You and your friends are returning to Madrid, where there are two stations, Chamartín and Atocha, that run trains to and from Segovia. You need to make plans on when to return and at what time to meet. For each arrival time and station in Madrid listed below, write down your plan for departing from Segovia in the morning. Follow the model. Allow enough time to meet so that you don't miss your train!

MODELO: 9:16 / Chamartín

Entonces, si tomamos el tren que llega a Chamartín a las nueve y dieciséis, nos encontramos en la Estación Ferrocarril a las siete de la mañana. ¿De acuerdo?

---

horario de trenes

ESTACION FERROCARRIL Plaza Obispo Quesada (D-6)

SEGOVIA	MADRID		MADRID		SEGOVIA
SALIDA	LLEGADA		SALIDA		LLEGADA
	Chamartín	Atocha	Atocha	Chamartín	
5,58	7,46	7,58	7,09	7,23	9,16
7,13 (4)	8,39	8,53	8,43	8,59	10,55
7,25	9,16	9,28	9,23 (1)	9,37	11,31
10,00	11,52	12,04	10,23	10,37	12,36
11,41	13,36	13,48	11,13	11,27	13,18
12,57	14,46	14,58	12,33	12,47	14,41
14,48	16,36	16,48	14,13	14,26	16,19
16,49	18,36	18,48	15,08	15,22	17,10
17,48	19,37	19,49	17,13	17,27	19,22
18,44	20,36	20,48	17,45 (4)	17,59	19,33
19,57	21,47	21,59	18,33	18,46	20,35
20,47 (1)	22,35	22,47	19,43	19,56	21,44
21,25	23,31	23,33	21,21	21,35	23,23

SEGOVIA	MEDINA	MEDINA	SEGOVIA
SALIDA	LLEGADA	SALIDA	LLEGADA
9,25	11,06	8,10	9,51
13,40	15,21 (2)	12,36 (3)	14,26
17,17	18,56	19,00	20,39

(1) Sábados, domingos, y festivos
(2) Llega a Valladolid a las 15,58
(3) Nace en Valladolid a las 12,02
(4) Directo

---

1. 12:04 / Atocha

_____

_____

_____

2. 13:36 / Chamartín

_____

_____

_____

3. 19:49 / Atocha

_____

_____

_____

4. 21:47 / Chamartín

_____

_____

_____

H. **Nos encontramos...** While sitting in class, you sometimes get bored and write notes to your friends in Spanish. Use the expressions you have learned to make the following plans.

MODELO: go to the movies / your house / 6:30

Vamos al cine. Nos encontramos en tu casa a las seis y media.
_____

¿De acuerdo?
_____

1. go to the park / on the corner of South Street / 5:15

_____

_____

2. go to the rock concert / in front of the train station / 3:30

_____

_____

3. go to the parade / across from the post office / noon

_____

_____

4. go to a restaurant / on Lincoln Street / 8:00

_____

_____

I. **¿Cómo están?** Based on what is stated about each person, indicate how he or she feels. Use the appropriate form of the following adjectives: **enojado, aburrido, enfermo, contento, cansado,** and **triste.**

MODELO: María no está bien.

Ella está enferma. _____

1. Raúl trabaja desde las siete de la mañana hasta las diez de la noche.

_____

2. Bárbara acaba de ganar el premio a la mejor poesía.

_____

3. El Sr. Bejarando no tiene las llaves para el auto y tiene que ir al aeropuerto.

_____

4. Los niños estudian todos los días y nunca van al parque.

_____

5. Rodrigo no quiere venir porque no tiene amigos.

_____

◆R◆E◆P◆A◆S◆O◆────────────────────────────▼

Possessive adjectives — third person

Remember that the possessive adjective in Spanish agrees with the object possessed, not with the possessor.

su / sus = his, her, its, your (formal), their

In order to clarify their meaning, sometimes the following phrases are used:

de él (his)	**de ella** (hers)	**de Ud.** (yours, sing.)
de ellos (theirs, masc.)	**de ellas** (theirs, fem.)	**de Uds.** (yours, pl.)

J. **Por supuesto** When a friend asks if certain objects belong to people you know, indicate that the answer is obviously affirmative by using **por supuesto** and the appropriate third-person form of the possessive adjective.

MODELO: ¿Es el auto de Andrés?

Por supuesto, es su auto. _____

1. ¿Es el perro de Federico?

_____

2. ¿Es la casa de tus abuelos?

_____

3. ¿Son las llaves de tu hermano?

_____

4. ¿Son los discos de tus primos?

_____

5. ¿Es la motocicleta de tu tío?

_____

6. ¿Es la silla de Esteban?

_____

7. ¿Son las cintas de tus hermanos?

_____

8. ¿Son los cuadernos de Miguel?

_____

K. **El inventario** Your brother Pedro and sister Ana have been away at college. When they come home, your father watches them unpack and describes what the two of them have brought back. Complete your father's description with the appropriate possessive adjectives.

Bueno. Pedro tiene _____ cámara, _____ estéreo, _____ discos y _____ cintas.

Ana tiene _____ calculadora, _____ motocicleta, _____ cuadernos y _____

máquina de escribir.

Muy bien. Ellos tienen _____ televisor a colores y _____ computadora. Pero,

¿donde están _____ libros?

Antigua Guatemala, "Monumento de América"

1- Palacio de los Capitanes Generales — (Oficina de Turismo).
2- Palacio del Ayuntamiento. (Museos).
3- Catedral.
4- Universidad de San Carlos de Borromeo.
5- Casa de Bernal Díaz del Castillo.
6- Casa Popenoe. (Visita de 10 a 11 de 16 a 17 horas).
7- La Concepción.
8- Santo Domingo.
9- Beatas Indias.
10- Santa Rosa.
11- Candelaria.
12- Capuchinas.
13- Santa Teresa.
14- El Carmen.
15- Casa de los Leones.
16- Santa Catarina.
17- La Merced.
18- San Sebastián.
19- Santiago.
20- La Recolección.
21- San Jerónimo.
22- Cementerio de San Lázaro
23- Casa de Landívar
24- San Agustín.
25- Compañía de Jesús. (Mercado).
26- Espíritu Santo.
27- San José "El Viejo".
28- Hospital Pedro de Bethancourt.
29- Santa Clara.
30- San Francisco.
31- Belem.
32- Escuela de Cristo.
33- Santa Cruz.
34- Cruz del Milagro.
35- Hotel "Antigua"
36- Hotel "Aurora"
37- Casa "El Carmen".
38 - Apartamentos "El Rosario".

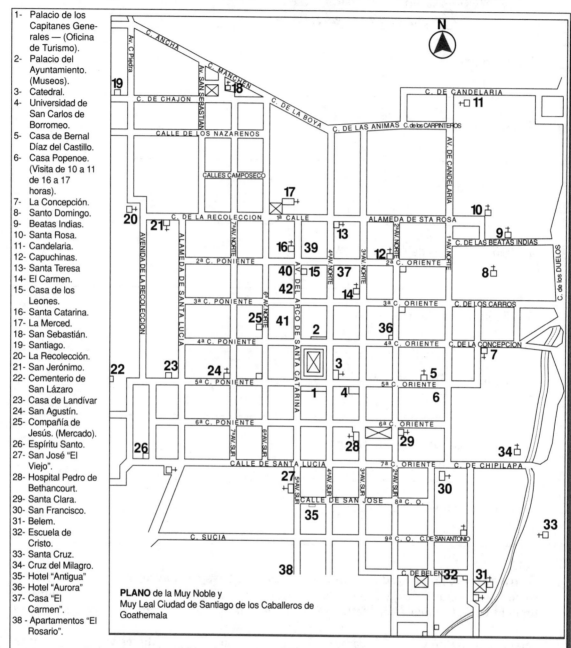

PLANO de la Muy Noble y Muy Leal Ciudad de Santiago de los Caballeros de Goathemala

Cantada por los poetas durante siglos de romántica veneración, la Ciudad de Santiago de los Caballeros de Guatemala, que fuera en la época de la colonia la tercera del Continente, antes de ser distruida por los terremotos de Santa Marta en 1773, se conserva aún como una reliquia del pasado legendario.

Sus calles y sus plazas, sus templos y monumentos, sus jardines de extraño colorido, sus arcos y palacios, sus alamedas, sus portales, conservan de manera inconfundible el sello de la hispanidad en toda su pureza.

Ninguna otra ciudad en el Nuevo Mundo puede ostentar con tanta justicia el título de "Monumento de América", que le fuere conferido por el VIII Congreso Panamericano de Geografía e Historia, el 7 de Julio de 1965, como la Ciudad de Santiago de los Caballeros de Guatemala, que de esta manera ha pasado a ser la joya más preciada en el patrimonio histórico y afectivo de los pueblos hispanoamericanos.

A. **¿Cómo es la Antigua Guatemala?** The reading on the previous page is from a brochure for tourists who visit Guatemala City. You are not expected to understand everything in the reading. First, read the questions that follow, then return to the text and the map to find the answers.

1. Which of the following do you think apply to this part of Guatemala City? Skim quickly through the paragraphs and look at the buildings shown on the map, then place a check next to each description below that you think applies.

_____ viejo	_____ rural
_____ moderno	_____ contaminado
_____ poético y romántico	_____ histórico
_____ feo	_____ bonito
_____ tranquilo	_____ gigantesco
_____ con mucho tráfico	_____ con muchos hospitales
_____ gran centro religioso	_____ gran centro comercial

2. Now answer the questions that follow. Return to reading and the map to look for specific answers.

a. Are there any churches or cathedrals in old Guatemala City? If so, name several.

_____

b. The reading mentions another, longer name for old Guatemala City. What is it?

_____

c. The reading also mentions a title that is often used to describe old Guatemala City. What is it?

_____

d. According to the map and the article, which of the following buildings and places of interest can be found in old Guatemala City?

_____ hospital	_____ cine
_____ estadio	_____ teatro
_____ escuela	_____ catedral
_____ hotel	_____ palacio
_____ universidad	_____ cementerio

_____ plaza	_____ templo
_____ farmacia	_____ apartamentos
_____ monumentos	_____ aeropuerto
_____ jardines (parques)	_____ correo
_____ mercado	_____ estación de trenes
_____ museo	_____ estación de autobuses

B. **¡A explorar!** You are visiting old Guatemala City and are staying at the Hotel Antigua. A Mexican friend of yours is arriving at the hotel today, and you want to leave a note for him. You know he wants to visit the Palacio de los Capitanes Generales and then meet you at the market at the Iglesia Compañía de Jesús. Write a note for him in which you give him directions from the Hotel Antigua to the palace and from the palace to the market. Don't forget to include the time you plan to meet him!

_____

_____

_____

_____

_____

_____

_____

_____

C. **Mañana vamos a...** Now you and your Mexican friend are planning your itinerary for your next day of sightseeing in old Guatemala City. Write your itinerary below, following the model. Include at least six places in your plan, and be sure to stop for lunch!

MODELO: *9:00 Vamos a la casa de Bernal Díaz del Castillo.*

10:30 _____

11:30 _____

12:30 _____

2:00 _____

3:00 _____

4:00 _____

5:00 _____

D. **Una mañana en el centro...** Luis, Tomás, and Cecilio share an apartment in Caracas, Venezuela. Every Saturday morning, they divide up their errands in town so that they will finish more quickly. Each visits exactly three places in town to do his share of the errands. Read the statements that follow, then fill in the chart to figure out what three places each visits to do his errands.

1. Tomás va al correo.
2. Luis va al quiosco.
3. Cecilio va a la florería.
4. Luis no va a la farmacia.
5. Cecilio no va al mercado.
6. Tomás no va a la librería.
7. La persona que va al mercado no va al banco ni a la librería.
8. La persona que va al correo también va a la panadería.
9. La persona que va al banco no va a la librería ni a la florería.
10. La persona que va a la carnicería también va al banco.

	Tomás	Luis	Cecilio
mercado			
quiosco de periódicos			
correo			
banco			
farmacia			
florería			
librería			
panadería			
carnicería			

Vamos al centro

Planning Strategy

Your friend, the Spanish exchange student, is having trouble coming up with certain English words and expressions. Suggest words and phrases she might find useful in accomplishing the following.

1. Inviting an American friend to go downtown with her. What specific words and more general phrases can you suggest?

   _____

   _____

   _____

2. Inviting her American host parents to go out to dinner. What expressions would help her issue the invitation?

   _____

   _____

   _____

3. Taking the subway. Think of words and phrases she might need to buy a ticket or ask directions.

   _____

   _____

   _____

4. Taking a taxi. What key words and phrases would she need to talk to the driver?

   _____

   _____

   _____

¿Quieres ir al centro?

Vocabulario

Para charlar

Para hablar de planes

ir + a + *infinitive*
poder + *infinitive*
tener ganas + de + *infinitive*

Para ir al centro

Voy en autobús.
…a pie.
…en bicicleta.
…en coche.
…en metro.
…en taxi.

Para decir para qué vas

Voy a dar un paseo.
…hacer un mandado.
…ir de compras.
…ver a un amigo.

Para decir cuándo

Vamos esta mañana.
…esta tarde.
…hoy.
…mañana.
…mañana por la mañana.
…mañana por la tarde.
…mañana por la noche.

Para decir sí o no

¡Claro que sí!
Sí, puedo.
Sí, tengo ganas de…
Es imposible.
No, no puedo.

Para preguntar qué día es

¿Qué día es hoy?

Temas y contextos

Los días de la semana

el lunes   el viernes
el martes   el sábado
el miércoles   el domingo
el jueves   el fin de semana

Vocabulario general

Verbos

deber
hacer
poder

Otras palabras y expresiones

una cita
conmigo
frecuentemente
próximo(a)
usualmente

Primera etapa

A. **¿Para qué van Uds. al centro?** Based on the drawings, tell why each person is going downtown. Use para and an infinitive in your answer.

MODELO: ¿Para qué va Alicia al centro?

Ella va al centro para ir de compras.

1. ¿Para qué va Alberto al centro?

_____

2. ¿Para qué va Mariluz al centro?

_____

3. ¿Para qué van Diego y Sara al centro?

_____

4. ¿Para qué van Julita y Claudia al centro?

_____

5. ¿Para qué va Miguel al centro?

_____

The immediate future

yo	**voy a descansar**	nosotros	**vamos a bailar**
tú	**vas a leer**	vosotros	**vais a cantar**
él		ellos	
ella }	**va a trabajar**	ellas }	**van a correr**
Ud.		Uds.	

B. **Hoy no, mañana sí** Say that you and your friends are not doing certain things today (**hoy**), but that you will do them tomorrow (**mañana**).

MODELO: Susana / leer un libro

Susana no lee un libro hoy, pero ella va a leer un libro mañana.

1. yo / escuchar la radio

_____

_____

_____

2. Raúl y Vicente / estar en la escuela

_____

_____

_____

3. Esperanza / llegar al mediodía

_____

_____

_____

4. nosotros / dar un paseo

_____

_____

_____

5. tú / mirar la TV

_____

_____

_____

C. **Por eso...** *(That's why...)* Based on the statements, indicate what each person is going to do next.

MODELO: Tengo un examen de matemáticas mañana.

Por eso voy a estudiar.

1. Pepe está muy cansado.

_____

2. Yo tengo mucha hambre.

_____

3. Pablo y Estela quieren llegar al otro lado de la calle.

_____

4. Nosotros acabamos de comprar unas cintas.

_____

5. Tú prefieres las películas.

_____

D. **¡Qué aburrido!** *(How boring!)* Your parents and your friends' parents suggest various activities to do together this weekend. Indicate that you and/or your friends feel like doing other things.

MODELO: Los padres de Enrique quieren visitar el museo.

Él tiene ganas de ir a un concierto.

1. Los padres de Carmen van al teatro.

_____

2. Mis padres desean descansar.

_____

3. Tus padres prefieren visitar la catedral.

_____

4. Los padres de Juliana y Rocío desean trabajar.

_____

5. Nuestros padres van a ir al mercado.

_____

Segunda etapa

E. **¡Leamos!** *(Let's read!)* Your family is going to host an exchange student. In one of her letters, she has sent you a copy of her schedule at school. Your parents don't read Spanish, so they ask you some questions about what Paula does at school. You'll answer their questions in English, of course!

1989-90**		HORARIO DEL PROGRAMA } CIENCIAS PURAS					
	L	M	M	J	V	S	D
9:00-9:50	FÍSICA	EDUCACIÓN FÍSICA	MATEMAT.	FILOSOFÍA	COMERCIO		
9:55-10:45	DIBUJO TÉCNICO	CIENCIAS NATURALES	INGLÉS	EDUCACIÓN FÍSICA	CIENCIAS NATURALES		
10:50-11:40	INGLÉS	MATEMAT.	FÍSICA	DIBUJO TÉCNICO	INGLÉS		
*12:10-1:00	MATEMAT.	FÍSICA	FILOSOFÍA	CIENCIAS NATURALES	HISTORIA		
1:05-1:55	FILOSOFÍA	COMERCIO	DIBUJO TÉCNICO	MATEMAT.	FÍSICA		
2:00-2:50	HISTORIA	INGLÉS	HISTORIA	HISTORIA	FILOSOFÍA		

*   *Recreo de media hora. La gente va a la cafetería y juega algún deporte.*

** *Este sistema entró en vigor hace dos años en mi colegio. Antes las clases eran de 9 a 5 con un recreo de media hora y con un recreo de 45 min. para comer → las clases eran de 1 hora.*

   Al final del día la mayoría de la gente se va a su casa a comer, pero hay un servicio de comedor para aquellos que, al haber suspendido alguna asignatura, deben recuperarla y por ello tienen clases particulares en grupos muy reducidos (hay que pagar).

1. How many different courses does Paula take? _____

2. When does her philosophy class meet? _____

   _____

3. What foreign language does she study? When do those classes meet? _____

   _____

4. In what ways is Paula's daily and weekly schedule different from yours? _____

_____

_____

_____

_____

5. Are there any similarities between your schedule and Paula's? _____

_____

_____

F. **La familia de Manuel Vilar** Based on the drawings, write six sentences in the space provided on the next page that describe the activities of Manuel and his family. In each sentence, use a time expression: **esta mañana, esta tarde, esta noche, mañana por la mañana, mañana por la tarde,** or **mañana por la noche.**

hoy　　　　*mañana*

la mañana

la tarde

la noche

MODELO: *Esta mañana Manuel y Ángela van a ir al colegio.*

1. _____

2. _____

3. _____

4. _____

5. _____

6. _____

◆R◆E◆P◆A◆S◆O◆ ────────────────────────────── ▼

The days of the week

lunes   martes   miércoles   jueves   viernes   sábado   domingo

To express "on" (a certain day or days), use the definite article **el** or **los**.

── ▲

G. **La semana de Ricardo** Using the calendar as a guide, answer the questions about Ricardo's life. A vertical arrow under an item indicates something he does every week. The absence of an arrow indicates something that will occur only this week.

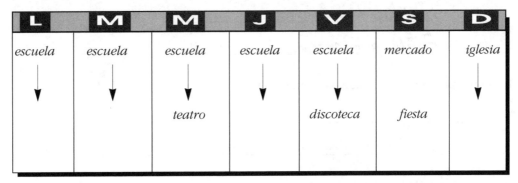

L	M	M	J	V	S	D
escuela	escuela	escuela	escuela	escuela	mercado	iglesia
↓	↓	↓	↓	↓		↓
		teatro		discoteca	fiesta	

MODELO: ¿Qué día va Ricardo a la discoteca?

Ricardo va a la discoteca el viernes.

1. ¿Qué días va Ricardo a la escuela? _____

_____

2. ¿Qué día va Ricardo a la iglesia? _____

_____

3. ¿Cuándo va Ricardo al teatro? _____

_____

4. ¿Cuándo va Ricardo a la fiesta? _____

_____

5. ¿Qué días no tiene clases Ricardo? _____

_____

◆R◆E◆P◆A◆S◆O◆ ──────────────────────────────────── ▼

The present tense of the verb **hacer**

yo	**hago**		nosotros	**hacemos**
tú	**haces**		vosotros	**hacéis**
él			ellos	
ella	} **hace**		ellas	} **hacen**
Ud.			Uds.	

▲

H. **¿Qué hacen Uds?** Ask what your friends are doing on the days indicated. Then answer according to the model.

MODELO: Rogelio / martes / ir de compras

¿Qué hace Rogelio el martes?

Rogelio va de compras.

1. Amanda / lunes / estudiar para un examen

_____

_____

2. Uds. / sábado / ir al cine

_____

_____

3. Gerardo y Norma / miércoles / visitar el museo

_____

_____

4. tú / jueves / trabajar

_____

_____

5. vosotros / martes / descansar

_____

_____

I. **¿Qué haces?** Using at least five of the indicated expressions, talk about your activities for the next two days. Imagine that it is early morning and you are thinking about what you are going to do *today* and *tomorrow*. You may limit your sentences to yourself or you may include family and friends. After your statement, ask what someone else is going to do.

Suggested expressions: **hoy, mañana, esta mañana, esta tarde, esta noche, mañana por la mañana, mañana por la tarde, mañana por la noche.**

MODELO: *Esta noche voy a mirar "Alf" en la TV. ¿Qué haces tú?*

1. _____

_____

2. _____

_____

3. _____

_____

4. _____

_____

5. _____

_____

6. _____

_____

J. **¡Leamos!** You just bought a train ticket for your trip from Ávila to Valladolid. Your friend who is traveling with you has several questions about the ticket. Look at the ticket below, then try to figure out the best answer to each of his questions. Answer in English.

1. What is the name of the train company? _____

2. This ticket is for travel between what two cities?_____

3. Is there an assigned car or seat?_____

4. What time does the train leave? _____

5. How much did the ticket cost? (Remember, the amount is in **pesetas**.) _____

K. **¿Cómo van al centro?** Write sentences that indicate how each person gets around in the city.

MODELO: Carlos

Carlos va en autobús.

METRO

1.

2.

3.

4.

5.

6.

1. nosotros _____

2. tú _____

3. yo _____

4. El Sr. Marino _____

5. Uds. _____

6. mis padres _____

R E P A S O ▼

The present tense of the verb **poder**

yo	**puedo**	nosotros	**podemos**
tú	**puedes**	vosotros	**podéis**
él		ellos	
ella }	**puede**	ellas }	**pueden**
Ud.		Uds.	

▲

L. **No, pero...** Indicate that you and your friends are not able to do the suggested activity. Then suggest an alternate activity that you can do.

MODELO: ¿Va a visitar Eduardo a sus abuelos? / escribir una carta

Eduardo no puede visitar a sus abuelos, pero puede escribir una carta.

1. ¿Va a ir en metro? / ir a pie

_____

_____

2. ¿Quieren Uds. ver los fuegos artificiales? / ir al centro

_____

_____

3. ¿Va a cantar Teresa? / bailar

_____

_____

4. ¿Quieren tomar un taxi Fernando y Julio? / ir en metro

_____

_____

5. ¿Vais a escuchar la radio? / estudiar

_____

_____

M. **Pues, yo...** Using the expressions given below, write six sentences that tell how you get around town. Use at least one expression from each column in each of your sentences. Use as many of the words and expressions as you can.

a menudo	ir	en autobús	al centro
de vez en cuando	llegar	en metro	al...
rara vez	venir	en taxi	a la...
nunca	estar	en coche	a los...
una vez al año		en bicicleta	a las...
cada sábado		a pie	

MODELO: *Cada sábado yo voy al parque a pie. A menudo yo vengo en autobús a la escuela y, de vez en cuando, llego a la escuela en el coche de mi papá.*

1. _____
_____

2. _____
_____

3. _____
_____

4. _____
_____

5. _____
_____

6. _____
_____

N. **¡Sí...! ¡No...!** You don't like to answer with a simple yes or no. Use one of the following expressions to begin your response to a friend's questions: **de acuerdo, claro que sí, por supuesto, es imposible,** or **no, no puedo** (**puede** etc.) Finally, add a question to your response.

MODELO: ¿Tienes ganas de ir al concierto?

¡Claro que sí! Me gustan mucho los conciertos.
¿Cuándo vamos?

1. ¿Vas a visitar la universidad?

_____
_____

2. ¿Quieren venir a la fiesta tus amigos?

_____
_____

3. ¿Prefieren Uds. mirar TV?

_____

_____

4. ¿Quiere Manolo ver los fuegos artificiales?

_____

_____

5. ¿Tienes ganas de escuchar discos?

_____

_____

CAPÍTULO ONCE
¡Vamos a tomar el metro!

Vocabulario

Para charlar

Para tomar el metro

bajar
cambiar
¿En qué dirección?
Cambiamos en Sol.
Bajamos en Plaza de España.

Para hablar del futuro

pensar + *infinitive*
preferir + *infinitive*
querer + *infinitive*
esta semana
este año
este mes
el mes (el año, la semana) entero(a)
la semana próxima
el mes próximo
el año próximo
mañana (el sábado, el domingo, etc.) por la mañana
                                              por la tarde
                                              por la noche

Temas y contextos

El metro

un billete sencillo
un billete de diez viajes
un metrotour de tres días
un metrotour de cinco días
una entrada
una estación de metro
una línea
un plano del metro
una taquilla
una tarjeta de abono transportes

Vocabulario general

Otras palabras y expresiones

ahora
barato
como de costumbre
especial
un horario
jugar (al tenis)
otra cosa
sin límite

A. **¡Leamos!** In order to know what options you will have for getting around Madrid, read the following description of different transportation services available there. Answer the questions on the following page in English.

Móntate en Madrid

Con el Plano de los Transportes de Madrid es más fácil viajar por todo Madrid.

El Plano de los Transportes de Madrid le facilita toda la información sobre las líneas de transporte (Metro, autobuses y tren) dentro del municipio de Madrid, sobre una base actualizada del casco urbano, incluyendo:

 La red de líneas de autobuses de la EMT de Madrid, con el recorrido de las líneas, cabecera y terminal, completando la información de plano con:

- El plano esquemático de la red de autobuses nocturnos.
- El esquema de los itinerarios de las líneas de autobuses (incluidas las líneas especiales, nocturnas y microbuses), indicando los principales puntos de paso y las correspondencias con estaciones de Metro.
- El horario de las líneas: intervalo de servicio y horario del primer y último servicio.

 La red de Metro, con el trazo de sus líneas y la localización de las estaciones, completando la información contenida en el plano con:

- El plano esquemático de la red de Metro.
- Los horarios de servicio, indicando el intervalo medio entre trenes en las distintas líneas, para diferentes períodos horarios del día, en días laborables, sábados y festivos de invierno y verano.

 La red ferroviaria de cercanías dentro de Madrid, con el trazado de sus líneas y las estaciones, completando la información en el reverso con:

- El plano esquemático de la red ferroviaria de viajeros de la Comunidad de Madrid, con la zonificación tarifaria.
- La relación de las estaciones ferroviarias en el municipio de Madrid, con indicación de las líneas ferroviarias en que se encuentran, así como de las conexiones con las líneas urbanas de transporte de Metro y EMT.

 Las terminales y estaciones de las líneas interurbanas de autobuses, con sus códigos correspondientes, completando la información en el reverso con:

- La relación de terminales y estaciones de autobuses con indicaciones de las líneas interurbanas de autobuses y empresas transportistas, así como de las conexiones con otros modos de transporte: Metro, EMT y Renfe.

Si desea más información, llame al Servicio de Información de Transportes (SIT). Teléfono 597 33 93: laborables de 9,00 a 19,00 horas, y sábados de 9,00 a 15,00 horas.

1. What means of public transportation are available?

   _____

2. What is **el plano de los transportes de Madrid**? What general information does it

   give? _____

   _____

3. In reading about **la red de metro**, what information is offered about scheduled

   service? _____

   _____

   _____

   _____

4. What is the basic difference between **la red de metro** and **la red ferroviaria de cercanías dentro de Madrid**? (Look closely at the symbols to see if they might help.)

   _____

B. **¡Tome el metro!** Look at the map of the metro on p. 242 of the textbook. Explain to the
   people indicated how to use the **metro** to get from the first station listed to the second.
   Use the verbs **tomar, bajar,** and **cambiar.**

   MODELO: tu amigo francés Jules / Chamartín (8) > Avda. América (6)

   Para llegar a Avenida América, tú tomas la dirección Nuevos
   Ministerios. Cambias de tren en Nuevos Ministerios, dirección
   Laguna. Tú bajas en Avenida América.

   1. tu amiga alemana Greta / Atocha (1) > Príncipe de Vergara (9)

   _____

   _____

   _____

   _____

2. un transeunte *(a passerby)* / Ópera (2) > Ciudad Lineal (5)

_____

_____

_____

_____

3. tus padres / Pacífico (1) > Retiro (2)

_____

_____

_____

_____

4. tu amigo argentino Alejandro / Tirso de Molina (1) > Plaza de España (3)

_____

_____

_____

_____

_____

◆R◆E◆P◆A◆S◆O◆────────────────────────────▼

Adverbs that designate the present and the future

hoy	**mañana**
ahora	**esta tarde**
esta semana	**la semana próxima**
este mes	**el mes próximo**
este año	**el año próximo**
esta mañana	**esta noche**
mañana por la mañana	**mañana por la tarde**
mañana por la noche	

C. **Los planes de Antonio** Using the calendar below as a guide, make a list of Antonio's vacation plans for the next two weeks. Today is June 6.

MODELO: El jueves por la mañana *él va a ver a unos amigos* .

JUNIO						
lunes	martes	miércoles	jueves	viernes	sábado	domingo
		1	2	3	4	5
la mañana: 6 *trabajar en casa, la tarde: ir al centro, la noche: ir al cine con amigos*	*visitar el* 7 *museo*	*la tarde: dar* 8 *un paseo en el parque, la noche: comprar unas cintas*	*la mañana:* 9 *ver a unos amigos, la noche: ir a la discoteca*	*ir a la* 10 *biblioteca y leer*	*la mañana:* 11 *escribir a amigos, la tarde: descansar, la noche: mirar TV*	*la maña-* 12 *na: ir a la iglesia, la tarde: comer con la familia en el Restaurante Trafalgar*
13 *ir de compras*	14 *ir a Inglaterra*	15	16	17	18	19

1. Esta mañana _____

.

2. El jueves por la noche _____

.

3. Esta tarde _____.

4. La semana próxima _____

.

5. El lunes próximo _____.

6. Esta noche _____.

7. El domingo por la mañana _____

.

8. El miércoles por la tarde _____

.

D. **Mis actividades** Now make a list of eight activities that you are planning for the next two weeks or so. Use a time expression (**esta noche, mañana por la mañana, el lunes próximo**, etc.) in each sentence.

MODELO: *El viernes próximo voy a ir al cine por la noche.*

1. _____

2. _____

3. _____

4. _____

5. _____

6. _____

7. _____

8. _____

Segunda etapa

E. **¡Leamos!** As you will be staying in Madrid for a while, you inquire about the possibilities for reduced fares on the **metro** system. Read the following offer and answer the questions in English.

Abono Transportes

Con el Abono Transportes puede viajar por todo Madrid.
En tren, autobús y Metro. Sin límites dentro de la zona de validez.
Cuando lo desee y cuantas veces quiera.
Sin tener que pagar en cada viaje. Sin tener que hacer colas.

El Abono Transportes consta de: — Tarjeta de Abono.
— El cupón mensual o anual.

La Tarjeta de Abono es personal y de carácter permanente; lleva el nombre y apellidos del abonado, su número de DNI, su fotografía y el número de abonado.

— Las tarjetas de los Abonos mensuales se adquieren en los estancos rellenando la hoja de solicitud correspondiente; en los casos del Abono Joven y Tercera Edad, se deberán acreditar los requisitos de edad debidamente.

— La tarjeta del Abono Anual se adquiere en las oficinas del Consorcio de Transportes de Madrid (Orense, 11, 9.ª planta).

El cupón deberá llevar escrito el número de abonado, que tiene que coincidir con el de la tarjeta. El cupón sólo será válido si lleva escrito dicho número y va acompañado de la Tarjeta correspondiente.

— Los cupones mensuales se pueden adquirir en los estancos, en las taquillas de Metro y en las casetas de la EMT.

— El cupón anual se adquiere en el Consorcio de Transportes junto con la tarjeta.

TIPOS DE ABONO TRANSPORTES
Abono Normal (mensual)
Abono joven, menores de 18 años
Abono Tercera Edad, mayores de 65 años
Abono Anual

1. Why would someone be interested in buying an **Abono Transporte**? What are its advantages? List three. _____

_____

2. What are the two different cards that comprise the **Abono Transporte**?

_____

_____

3. Why does the **Tarjeta de Abono** have **el nombre y apellidos del abonado**? Is this a mistake? _____

_____

4. Besides the regular monthly and yearly Abono, what other two kinds of Abono are there? Who would be able to use them?_____

_____

F. **¿Qué deben comprar?** Based on the following statements, indicate what type of **metro** ticket would be best suited for each situation. Refer to page 250 of the textbook if you need to review the different kinds of tickets.

MODELO: Un amigo va al centro para escuchar un concierto. Por la noche va a casa en el coche de su amigo. Va en metro rara vez.

Él debe comprar un billete. _____

1. La Sra. Courtois, amiga francesa de tu madre, va a estar en Madrid por un año y desea visitar muchos sitios *(places)*. Ella tiene 67 años.

_____

2. Un estudiante en la universidad no tiene clases este mes pero de vez en cuando tiene que ir a la biblioteca para estudiar. Piensa ir cinco días.

_____

3. Una mujer de negocios acaba de venir a Madrid desde Barcelona. Va a trabajar cuatro semanas en el mes de octubre.

_____

4. Una prima mexicana de Pedro va a estar con su familia desde el lunes por la mañana hasta el jueves por la noche.

_____

REPASO

The present tense of the verb **pensar**

yo	**pienso**	nosotros	**pensamos**
tú	**piensas**	vosotros	**pensáis**
él		ellos	
ella }	**piensa**	ellas }	**piensan**
Ud.		Uds.	

Remember that to talk about future plans in Spanish you may use **pensar** + *infinitive* (*to plan to*).

G. **Usualmente, sí... hoy, no** Use the cues to ask if the person indicated is planning to do the activity listed. Then respond by stating that although the person usually does that, today he or she plans to do something else. Answer the questions on the basis of the drawings and follow the model.

MODELO: David / ir al cine / el viernes

¿Piensa David ir al cine el viernes?

Usualmente va al cine los viernes, pero este viernes piensa leer.

1. tu hermano / tomar el metro / el lunes

_____

_____

_____

2. Lena / ver a sus amigos / el sábado por la noche

_____

_____

_____

3. tu hermana y tu hermano / estudiar / el jueves

_____

_____

_____

4. tus padres / trabajar / el martes

_____

_____

_____

CAPÍTULO DOCE

¿Cómo vamos?

Vocabulario

Para charlar

Para ir al centro

¿Cuánto tarda para llegar a...?
Tarda diez minutos, como máximo.
Esto es para Ud., señor (señora, señorita).
Muchas gracias.

Para viajar

Aquí estoy para servirles.
¿En qué puedo servirles?
Queremos planear un viaje.
¿Cuánto cuesta un viaje de ida y vuelta en avión?
¿En tren?
Es mucho. Sólo tengo 2.500 pesetas.

Para hablar de sus planes

esperar + *infinitive*

Temas y contextos

Otros números

cien
ciento
doscientos(as)
trescientos(as)
cuatrocientos(as)
quinientos(as)
seiscientos(as)
setecientos(as)
ochocientos(as)
novecientos(as)
mil
un millón

Los viajes

una agencia de viajes
en avión
en taxi
en tren
billete de ida y vuelta
kilómetro
milla
propina

Vocabulario general

Adjetivos

famoso(a)
hermoso(a)
nuevo(a)

Sustantivos

el cambio
la encuesta
la playa

Verbos

discutir
pagar

Otras palabras y expresiones

algún día
o
Pregúntales a los otros.
si

A. **¡Leamos!**   Read the business card below, then answer the questions that follow.

TAXIS ACACYA de R. L.

MICROBÚS COLECTIVO

Precio ₡ 7.00. Hora de salida: de San Salvador a
Aeropuerto 6.00 a.m., 7.00 a.m., 12.00 m. y 3.00 p.m.

Oficina en Sal Salvador: Tels. 25-9137
1a. Diagonal, Edificio Luz No. 5   25-7768
Aeropuerto: Tel. 24-6981

SERVICIO DE TAXI

---

1. What is the name of this business?

   _____

2. What country is the business located in?

   _____

3. How much does it cost to use the **microbús colectivo servicio de taxi?** (Hint: The monetary unit is **colones.)**

   _____

4. At what time does the **microbús colectivo** go to the airport and what number should you call to make arrangements?

   _____

5. Based on the information contained in this card and the facts you learned about taxis in your textbook, how do you think a **microbús colectivo** service is different from a taxi service?

   _____

   _____

   _____

B. **En autobús** Read the schedule for bus service between Madrid and Salamanca. The route makes stops at several cities and towns. Tell how long it takes to get from one city or town to another.

HORARIO PASADA POR POBLACIONES
Servicio: MADRID a SALAMANCA (POR ARÉVALO)

		Diario	Diario	Diario	Diario	Diario	Diario excepto sábados
SALIDA DE	MADRID	8,30	10,30	13,30	17,30	20,00	22,00
"	Villacastín	9,42	11,42	14,42	18,42	21,12	23,12
"	Labejos	9,53	11,53	14,53	18,53	21,23	23,23
"	Sanchidrián	9,59	11,59	14,59	18,59	21,29	23,29
"	Adanero	10,05	12,05	15,05	19,05	21,35	23,35
"	Gutierremuñoz	10,10	12,10	15,10	19,10	21,40	23,40
"	Arévalo	10,30	12,30	15,30	19,30	22,00	24,00
"	Aldeaseca	10,38	12,38	15,38	19,38	22,08	00,08
"	Villanueva del Aceral	10,41	12,41	15,41	19,41	22,11	00,11
"	Barromán	10,49	12,49	15,49	19,49	22,19	00,19
"	Madrigal de las A. Torres	10,56	12,58	15,56	19,56	22,26	00,26
"	Rasueros	11,04	13,04	16,04	20,04	22,34	00,34
"	Rágama	11,11	13,11	16,11	20,11	22,41	00,41
"	Paradinas de San Juan	11,15	13,15	16,15	20,15	22,45	00,45
"	Peñaranda de Bracamonte	11,25	13,25	16,25	20,25	22,55	00,55
LLEGADA A	SALAMANCA	12,00	14,00	17,00	21,00	23,30	01,30

MADRID, ENERO DE 1985

INFORMACION Y VENTA DE BILLETES EN:

MADRID

CENTRAL: C/. Fernández Shaw, nº 1 - Teléfs. 251 66 44 - 251 72 00
DESPACHO AUXILIAR: C/. Salud, nº 21 - Teléf. 221 90 85
DESPACHO AUXILIAR: ESTACIÓN SUR DE AUTOBUSES: C/. Canarias, nº 17 - Teléf. 230 31 74
Existe una tarifa especial de ida y vuelta.
Igualmente, hay una tarifa especial para militares (sin graduación) en permisos de fines de semana.

MODELO: Madrid / Villacastín
Tarda una hora y doce minutos para llegar.

1. Madrid / Adanero

_____

2. Gutierremuñoz / Arévalo

_____

3. Arévalo / Barromán

_____

4. Rasueros / Paradinas de San Juan

_____

5. Madrid / Salamanca

_____

C. **¿En tren o en taxi?** You have just missed the 6:50 train from Madrid's Atocha Station that would have arrived at 7:23 at Pinar de las Rozas. Since you are in a rush and can't wait for the next train at 7:33, you make arrangements to take a taxi. Complete the following conversation with the taxi driver.

Tú: ¡Taxi! ¡Taxi!

El Chófer: ¿Señor? ¿Adónde _____?

Tú: A _____. El tren tarda _____ minutos para llegar.

¿Cuánto _____ en taxi?

El Chófer: Cuarenta y cinco… cincuenta _____.

Tú: Y el precio, ¿_____, señor?

El Chófer: Novecientas _____, señor.

(Más tarde)

El Chófer: Señor, ya llegamos.

Tú: Aquí tiene un _____ de mil.

El Chófer: Aquí tiene _____, cien pesetas.

Tú: Las cien pesetas son _____, señor.

El Chófer: Muchas gracias, señor.

REPASO ▼

The numbers from 100 to 1.000.000

100	cien	600	seiscientos(as)
101	ciento uno	700	setecientos(as)
102	ciento dos	800	ochocientos(as)
200	doscientos(as)	900	novecientos(as)
300	trescientos(as)	1.000	mil
400	cuatrocientos(as)	2.000	dos mil
500	quinientos(as)	1.000.000	un millón
		2.000.000	dos millones

▲

D. **La población** You are planning a trip to Spain, but you are not sure if the places you intend to visit are large cities or small towns. You look in an encyclopedia and write out the number for the population of the following cities and towns.

MODELO:　Sevilla / 590.235

Sevilla: quinientas noventa mil doscientas treinta y cinco personas.

1. Valderrobres / 1.950

_____

2. Valladolid / 287.230

_____

3. Molina de Aragón / 3.940

_____

4. Madrid / 3.201.234

_____

5. Barcelona / 1.754.714

_____

6. Alquézar / 307

_____

7. Mérida / 38.319

_____

E. **Tarifas de cercanías** *(Local fares)* Read the rates for local (up to 130 km.) train travel. Tell how much different tickets would cost.

TARIFAS DE CERCANIAS
TARIFA GENERAL Y TARIFAS ESPECIALES
(en vigor a partir del 9-2-85)

Recorrido	Billete sencillo	Billete ida y vuelta	Abono mensual	Tarjeta Dorada
Km.	Pesetas	Pesetas	Pesetas	Pesetas
Hasta 10	35	55	880	20
De 11 a 15	50	70	1 140	25
De 16 a 20	65	100	1 580	35
De 21 a 25	85	130	2 020	40
De 26 a 30	105	155	2 455	50
De 31 a 35	125	185	2 895	60
De 36 a 40	145	215	3 330	70
De 41 a 45	160	240	3 770	80
De 46 a 50	180	270	4 210	90
De 51 a 55	200	295	4 645	100
De 56 a 60	215	325	5 085	110
De 61 a 65	235	350	5 525	120
De 66 a 70	255	360	5 960	130
De 71 a 75	270	405	6 400	135
De 76 a 80	275	415	—	140
De 81 a 85	295	440	—	150
De 86 a 90	315	470	—	160
De 91 a 95	330	495	—	165
De 96 a 100	350	520	—	175
De 101 a 105	375	560	—	—
De 106 a 110	390	585	—	—
De 111 a 115	410	610	—	—
De 116 a 120	425	635	—	—
De 121 a 125	445	665	—	—
De 126 a 130	460	690	—	—

En los itinerarios figuran las distancias kilométricas comerciales.

billete de ida y vuelta: round-trip ticket
abono mensual: monthly pass
tarjeta dorada: gold card (for senior citizens)

MODELO: billete sencillo / de 25 a 30 km

ciento cinco pesetas

1. billete de ida y vuelta / de 36 a 40 km

2. abono mensual / hasta 10 km

3. billete sencillo / de 121 a 125 km

4. tarjeta dorada / de 51 a 55 km

5. abono mensual / de 61 a 65 km

Segunda etapa

F. **Modos de transporte** *(Means of transportation)* The following description of different transportation services available in Madrid is from the **Plano Monumental**, which provides maps and information about the city. Read the selection and then answer the questions that follow in English.

Desplazarse por Madrid

Autobús. El horario de autobuses es de 6 de la mañana a 12 de la noche. Durante la noche hay un servicio mínimo que tiene su salida desde Plaza de Cibeles. Desde las 12 de la noche hasta las 2 h., cada 30 minutos. Desde las 2 hasta las 6, cada hora. Teléfono de información: 401 99 00.

Taxi. Para información del usuario, los taxis llevan en lugar visible la tarifa de precios y los suplementos.
Radio Teléfono Taxi: Teléfono 247 82 00
Radiotaxi: Teléfono 404 90 00
Teletaxi: Teléfono 445 90 08

Automóvil. Si decide conducir su propio coche, o alquilar uno, debe tener en cuenta la O.R.A., es un control de aparcamiento en las zonas céntricas de la ciudad, por el cual hay que abonar una tasa de aparcamiento por cada media hora, con un máximo autorizado de hora y media. Las tarjetas se pueden adquirir en cualquier estanco de la ciudad. Teléfono de información: 447 07 13.

Metro. El horario, de 6 de la mañana a 1,30 noche. Teléfono de información: 435 22 66. Para el turista hay unos billetes valederos para tres o cinco días.

1. If you need information about any of the services, how can you get that help?

   _____

2. If you are taking a taxi, where will you see the prices posted?

   _____

3. Between what hours is there no subway service?

   _____

4. If you plan on taking the bus after midnight, how long might you have to wait?

_____

5. For those who drive a car in Madrid and plan to park in the downtown area, what is the maximum time allowed to park there?

_____

R E P A S O ────────────────────────────── ▼

Expressions for discussing plans

> **esperar** + *infinitive*
> **ir** + **a** + *infinitive*
> **pensar** + *infinitive*
> **querer** + *infinitive*

────────────────────────────── ▲

G. **Los sueños y la realidad** *(Dreams and reality)* What you hope, want, or intend to do and what you actually end up doing are often very different things. Based on the drawings, tell how each person's dreams compare with reality.

MODELO: ¿Qué quiere hacer Jaime esta noche? ¿Qué va a hacer?

Él quiere ir a la discoteca con sus amigos, pero va a mirar la TV con su familia.

1. ¿Qué piensa hacer Adela el viernes por la noche? ¿Qué va a hacer?

_____

_____

2. ¿Adónde espera ir Miguel el mes próximo? ¿Adónde va a ir?

_____

_____

3. ¿Qué tiene ganas de hacer Andrés esta tarde? ¿Qué va a hacer?

_____

_____

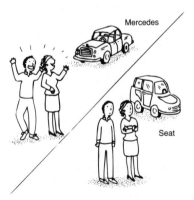

4. ¿Qué coche quieren comprar los padres de Luis? ¿Qué coche van a comprar?

_____

_____

5. ¿Qué piensan hacer los estudiantes esta noche? ¿Qué van a hacer?

_____

_____

H. **El futuro** Different people have different plans and dreams for the future. Using the suggested expressions, write **three** sentences for each situation given. Tell about (a) your best friend (**mi mejor amigo/a**), (b) your parents, and (c) yourself.

MODELO: esta noche / tener ganas de

a. *Esta noche mi amiga Beth tiene ganas de ir al cine.*

b. *Esta noche mis padres tienen ganas de ir a un restaurante.*

c. *Esta noche yo tengo ganas de ir de compras.*

1. mañana / ir

a. _____

b. _____

c. _____

2. el año próximo / querer

a. _____

b. _____

c. _____

3. algún día / esperar

a. _____

b. _____

c. _____

4. los viernes / preferir

    a. _____

    b. _____

    c. _____

5. este año / pensar

    a. _____

    b. _____

    c. _____

Una cuestión de transporte

Read the following description of one Madrid family's daily experiences with getting around the city.

La vida en la ciudad española es a menudo muy complicada en cuanto al transporte. ¿Se toma el coche, el autobús o el metro para ir al trabajo? ¿Van a pie a la escuela los niños? El ejemplo siguiente nos muestra esas complicaciones y las decisiones que tiene que tomar la familia Ramos todos los días.

Los Ramos son madrileños, pero no viven en el centro. Ellos tienen una casa pequeña en las afueras, en el pueblo de Majadahonda, a unos diez kilómetros del centro. El señor Ramos es ingeniero y trabaja en el centro, y la señora Ramos es profesora en un colegio al otro lado del pueblo. La hija está en la escuela primaria, mientras que los dos hijos están en la escuela secundaria. ¿Qué hacen el lunes por la mañana?

El señor Ramos es el primero en salir de casa. Cuando tiene tiempo, toma el autobús a Pueblo Nuevo y allí toma el metro. Toma la dirección Aluche, cambia de tren en Gran Vía y toma la dirección Cuatro Caminos. Baja en Ríos Rosas, muy cerca de donde trabaja. Desde allí, va a pie y en cinco minutos llega a su oficina. Algunas veces, el señor Ramos tiene que conducir su coche. Él toma una carretera periférica para evitar los tapones del centro del pueblo. Aun así él prefiere no conducir el coche, porque hay mucho tráfico a esas horas de la mañana, que es la hora punta, y llega a la oficina muy agitado.

La señora Ramos también toma el autobús, pero es un recorrido menos complicado que el de su esposo. Algunas veces ella sale de casa con su esposo, pero en general prefiere acompañar a su hija Angelita a la escuela. La escuela primaria no está muy lejos de su casa y pueden ir a pie. Sólo tardan diez minutos en llegar. Ella continúa a pie hasta la parada del autobús, a dos bloques de la escuela y tarda quince minutos en llegar. Sus dos hijos mayores van a la escuela secundaria y tienen que tomar el autobús porque su escuela está bastante lejos de la casa.

Al final del día todos llegan a casa muy cansados. Mañana por la mañana ellos van a hacer lo mismo. Por lo menos, el sistema de transporte público es muy eficiente en Madrid y en los alrededores de la ciudad. Los Ramos son una típica familia española. Casi todos los días sus actividades dependen del autobús o del metro.

A. **La palabra y el contexto** On the basis of the context and with the help of the hints, guess the meaning of the words in boldface. Write your answers in English.

1. "Los Ramos son **madrileños**, pero no viven en el centro. Ellos tienen una casa pequeña en **las afueras**, en el pueblo de Majadahonda, a unos diez kilómetros del centro." If they don't live in **el centro** of Madrid, where might they logically live? If they live close to the city, what might **madrileños** mean?

   _____

   _____

2. "Él toma una **carretera periférica** para **evitar** los **tapones** del centro del pueblo. Aun así él prefiere no conducir el coche, porque hay mucho tráfico a esas horas de la mañana, que es **la hora punta**, y llega a la oficina muy **agitado**." Keeping in mind the time of day he is traveling and that it is in a large, densely populated city, what do you think these terms mean?

   _____

   _____

   _____

   _____

3. "Ella continúa a pie hasta **la parada del autobús,** a dos **bloques** de la escuela y tarda quince minutos en llegar." Where do you get a bus, and how is distance to that point often described?

   _____

4. "Por lo menos, el sistema de transporte público es muy eficiente en Madrid y en **los alrededores** de la ciudad." What areas are mentioned in the reading?

   _____

B. **Una carta a un(a) amigo(a)** You and a friend have made plans to go downtown one week from today. Write a letter to another friend or a relative inviting him or her to join the two of you. Begin the letter with **Querido(a)...** and end it with **Hasta luego.** Include the following points.

1. Mention what day it is today and then tell what your plans are for the same day next week.
2. Invite your friend or relative to join you and your friend.
3. Explain what means of transportation you will use and why.
4. Mention two or three things you intend and hope to do in town.
5. Tell your friend or relative to call you (**Llámame por teléfono**). Specify two times (such as Monday evening and Tuesday afternoon) when you are likely to be home.

_____

_____

_____

_____

_____

_____

_____

C. **Juego de palabras** Unscramble the five sets of letters below to form the names of different means of transportation. Then reassemble the circled letters to form the name of a frequently used station of the Madrid **metro** system. (Hint: the answer is related to music.)

ÚTSUABO   _ _ _ (_) _ _ _

EHOCC   _ _ _ _ (_)

RETOM   _ _ _ (_) _

AEIP   _ (_) _ _

CTICBLAEI   _ _ _ _ _ _ _ (_)

Answer: _ _ _ _ _

Un viaje por el mundo hispano

Planning Strategy

A student in Bolivia is just beginning her study of English, and she has some questions. Answer her questions about the English-speaking world.

1. *In what countries is English the primary language?*

   _____

   _____

   _____

2. *If someone speaks English as his or her native language, is that person English? Explain.*

   _____

   _____

   _____

3. *Is the English spoken in different countries the same? Explain.*

   _____

   _____

   _____

4. *Is the English spoken in the United States the same in every state? Explain.*

   _____

   _____

   _____

América Latina

Vocabulario

Para charlar

Para hablar de una acción en el pasado

anoche
anteayer
el año pasado
ayer
ayer por la mañana
ayer por la tarde
el fin de semana pasado
el jueves (sábado, etc.) pasado
el mes pasado
por una hora (un día, tres años, cuatro meses)
la semana pasada

Vocabulario general

Verbos

andar
asistir a
caminar
cenar
comprar
no hacer nada
pasar tiempo
perder
salir de
visitar
volver

Otras expresiones

hacer la cama
hacer las maletas
hacer un viaje
una milla
nada
por un año
por una hora
por un mes
por unos minutos

Primera etapa

A. **¡Leamos!** Read the itinerary for a trip to Santo Domingo and Venezuela, then answer the questions in English.

SALIDAS: Miércoles

DIA 1º. ESPAÑA/CARACAS
Salida en vuelo regular, clase turista, con destino Caracas. Llegada, traslado y alojamiento.

DIA 2º–3º. CARACAS
Días libres. Le recomendamos una visita de la ciudad. Caracas es mundialmente conocida por sus centros comerciales y precios. Durante uno de estos días tiene incluida una *Cena Show* en Restaurante El Picoteo.

DIA 4º. CARACAS/SANTO DOMINGO
Por la mañana traslado al aeropuerto para salir en vuelo regular a Santo Domingo. Llegada, asistencia y traslado.

DIA 5º. SANTO DOMINGO
Día libre. Le recomendamos una visita a su interesante Zona Colonial.

DIA 6º SANTO DOMINGO/PUERTO PLATA
Por la mañana traslado a Puerto Plata. Llegada y alojamiento.

DIA 7º–9º. PUERTO PLATA
Días libres para disfrutar de sus playas.

DIA 10º. PUERTO PLATA/ESPAÑA
Traslado al aeropuerto y salida en vuelo regular. Noche a bordo

DIA 11º ESPAÑA
Llegada y fin de nuestros servicios.

G-503

1. Where does this trip originate and on what day of the week does it depart?

_____

_____

2. What type of flight *(vuelo)* and seat does a passenger on this trip get?

_____

3. Will there be a guided tour of Caracas? What does the itinerary recommend that a tourist particularly note in Caracas?

_____

_____

4. During the free days in Puerto Plata, what will the traveler be able to enjoy?

_____

Preterite tense of **–ar** verbs

yo	**canté**	nosotros	**cantamos**
tú	**cantaste**	vosotros	**cantasteis**
él		ellos	
ella }	**cantó**	ellas }	**cantaron**
Ud.		Uds.	

B. Write the appropriate form of **trabajar** for each subject given.

MODELO: El camarero _trabajó_ .

1. Uds. _____.

2. Julita _____.

3. Nosotros _____.

4. Él _____.

5. Yo _____.

6. Oscar _____.

7. Ella _____.

8. Tú y yo _____.

9. Mis padres _____.

10. Ellas _____.

11. El profesor _____.

12. Los alumnos _____.

13. Ud. _____.

14. Vosotros _____.

C. Tell what the following people did last night by completing the sentences with the appropriate **preterite** form of the verb in parentheses.

MODELO: El director _anunció_ los premios. (anunciar)

1. Mis amigos y yo _____ la televisión. (mirar)

2. ¿Uds. _____ el concurso de poesía? (ganar)

3. Ellos _____ la fiesta. (celebrar)

4. ¿ _____ tú la radio? (escuchar)

5. Yo _____ mucho. (estudiar)

D. Complete the paragraph by filling in each blank with the preterite form of one of the suggested verbs. Make sure that the paragraph makes sense when you are through. Use each verb only once.

tomar / tardar / visitar / comprar / descansar / viajar / mirar / escuchar / llegar

El verano pasado *(Last summer)* mi familia y yo (1)_____ a España. El avión (2)_____ siete horas en llegar a Madrid. Mi padre (3)_____ billetes de ida y vuelta. Durante *(During)* el viaje transatlántico, mi hermano (4)_____ la película, pero yo (5)_____ música. En Madrid nosotros (6)_____ el metro a muchos sitios bonitos. Mis abuelos (7)_____ muchos museos. Cuando nosotros (8)_____ a casa, yo (9)_____

E. **¡Eso no es nada** *(That's nothing)*! Your friend, Ramón, is always acting superior. He responds to everything by saying that he and his family have already (**ya**) done whatever has been mentioned. Indicate Ramón's responses to your statements.

MODELO: Tú: Mi madre habla con el director ahora.

Ramón: *Mi madre ya habló con el director.*_____

1.   Tú: Yo viajo a la Argentina el mes próximo.

   Ramón: _____

2.   Tú: Mi tía compra una computadora esta tarde.

   Ramón: _____

3.   Tú: Nosotros trabajamos mucho este mes.

   Ramón: _____

4.   Tú: Mis amigos ganan un premio en la fiesta del pueblo.

   Ramón: _____

5.   Tú: Mi hermano escucha la cinta nueva de Phil Collins.

   Ramón: _____

F. **Hacer preguntas** *(Ask questions)* You are talking to your friend on the phone, but you have a bad connection. You have to ask your friend questions because you can't hear all of what he says. Use a word from the following list to write questions in the preterite based on your friend's comments.

por qué / con quién / cuántas / dónde / a qué hora / a qué dirección / qué

MODELO: —Compré una guitarra vieja para practicar en casa.

¿Qué compraste?

1. —Practicamos en el colegio.

2. —Ella necesitó un radio despertador.

3. —Jaime dobló a la derecha y no llegó al concierto.

4. —Yo canté cuatro canciones *(songs)*.

5. —Él cantó a las tres y media.

6. —Practicamos porque necesitamos cantar bien *(well)*.

7. —Paula bailó con Jorge.

◆R◆E◆P◆A◆S◆O◆ ────────────────────────────────── ▼

The preterite tense of the verb **hacer**

yo	**hice**	nosotros	**hicimos**
tú	**hiciste**	vosotros	**hicisteis**
él ella Ud. }	**hizo**	ellos ellas Uds. }	**hicieron**

Some expressions with **hacer** are:

hacer un viaje, hacer la cama, hacer las maletas

G. Complete the following sentences with the appropriate form of **hacer** in the preterite.

1. ¿Qué _____ Uds. en clase hoy?

2. Yo no _____ mucho trabajo.

3. ¿Cuántas tortillas _____ tú para la fiesta?

4. Nosotros no _____ nada hoy.

5. Mi madre _____ la maleta porque va a Costa Rica.

6. Los niños no _____ la cama.

H. **El sábado pasado** (Last Saturday) Using a form of **hacer**, write questions for the following responses.

MODELO: *¿Qué hizo tu abuelo?* _____

Mi abuelo caminó al centro.

1. _____

Ellos tomaron el autobús.

2. _____

Yo estudié en casa de mi compañero.

3. _____

Nosotros hablamos con mis tíos.

4. _____

Ella estudió.

5. _____

Los alumnos bailaron.

I. **¡Leamos!** Read the following page from a travel guide to Cuba for Spaniards; then answer in English the questions that follow.

INFORMACION DE INTERES

DOCUMENTACION NECESARIA

Pasaporte en vigor y visado.

MONEDA

La moneda oficial es el peso cubano, dividido a su vez en 100 centavos. Hay monedas de 1, 5, 20 y 40 centavos y papel moneda de 1, 5, 10, 20 y 50 pesos y su contravalor aproximado, 153 pesetas.

COMPRAS

Cigarros y cigarrillos, ron, libros y discos en ediciones populares, trabajos de artesanía (máscaras, maracas, muñecas, sombreros, machetes, animales disecados, hamacas de hilo, etc.).

COMIDAS Y BEBIDAS

Las comidas en los hoteles son normalmente abundantes, cuidadas y nutritivas. El desayuno es de tipo americano, incluyendo generalmente huevos con bacón, zumo de frutas, además de los componentes usuales: café o té, tostadas, etc. Para el almuerzo o la cena se sirven zumos naturales de guayaba, piña, etc., ensaladas de todo tipo, carnes y pescados con arroz y vegetales, frutas y helados. Se incluye además de forma gratuita la bebida, generalmente cerveza.

---

1. What is the Cuban monetary unit? In what denominations are its coins (**moneda**) and bills (**papel moneda**)?

_____

_____

2. What items that are recommended for purchase do you recognize? Write down in English as many as you can.

_____

_____

3. A passport and visa are required for Spanish travelers visiting Cuba. What do you think **pasaporte en vigor** means?

_____

_____

4. What are the meals like in Cuba? Summarize as much as you can of the **Comidas y Bebidas** section in your own words. What key Spanish words would you like to know in addition to those you understood? Write them below.

_____

_____

_____

_____

◆R◆E◆P◆A◆S◆O◆ ─────────────────── ▼

The preterite of **–er** and **–ir** verbs

yo	**comí**	nosotros	**comimos**
yo	**viví**	nosotros	**vivimos**
tú	**comiste**	vosotros	**comisteis**
tú	**viviste**	vosotros	**vivisteis**
él		ellos	
ella }	**comió**	ellas }	**comieron**
Ud.	**vivió**	Uds.	**vivieron**

J. Write the appropriate forms of **comprender** and **escribir** on the lines below, according to the indicated subjects.

COMPRENDER   ESCRIBIR

MODELO:
Los niños _comprendieron_ .   Los niños _escribieron_ .

1. Uds. _____.   Uds. _____.

2. Julita _____.   Julita _____.

3. Nosotros _____.   Nosotros _____.

4. Él _____.   Él _____.

5. Yo _____.   Yo _____.

6. Oscar _____.   Oscar _____.

7. Ella _____.   Ella _____.

8. Tú y yo _____.   Tú y yo _____.

9. Los alumnos _____.   Los alumnos _____.

10. Ud. _____.   Ud. _____.

11. Vosotros _____.   Vosotros _____.

K. Tell what the following people did yesterday afternoon. Use the preterite form of a verb from the following list to complete each sentence logically. You may use some verbs more than once.

compartir / comprender / correr / escribir / recibir / vender / salir / asistir / discutir

1. El ingeniero japonés _____ en inglés.

2. Sus primas _____ al concierto.

3. Susana _____ el sándwich con su hermano.

4. Yo _____ mi cámara porque quiero comprar otra.

5. El periodista salvadoreño _____ el problema con los políticos.

6. Nosotros _____ las entradas por el correo.

7. ¿_____ tú en el parque?

8. Uds. no _____ bien el problema.

9. Mi hijo y yo _____ de la agencia de viajes.

10. La señora dominicana _____ una carta a su abogada.

11. ¿_____ Ud. una carta también?

L. **Unas preguntas** *(Some questions)* You have just returned from spring break and you want to find out what happened while you were away. Use the words supplied to form questions in the preterite.

MODELO: dónde / comer / tú / con los amigos

¿Dónde comiste con los amigos?

1. cuándo / salir / él / del hospital

_____

2. qué / comer / Miguel / en Puerto Rico

_____

3. por qué / vender / Javier / su motocicleta

_____

4. quién / asistir / a la feria

_____

5. cuántos / recibir / su horario / ayer

_____

◆R◆E◆P◆A◆S◆O◆ ──────────────────────────────── ▼

The preterite of **ir**

yo	**fui**	nosotros	**fuimos**
tú	**fuiste**	vosotros	**fuisteis**
él		ellos	
ella }	**fue**	ellas }	**fueron**
Ud.		Uds.	

────────────────────────────────────── ▲

M. **Un viaje por América Latina** Use a form of **ir** to indicate where several people went in Latin America.

1. El médico y los enfermeros _____ a Guayaquil, Ecuador.

2. El profesor _____ a Machu Picchu en el Perú.

3. Tú _____ a la pampa en la Argentina, ¿verdad?

4. Mi familia y yo _____ a San José, Costa Rica.

5. Los Álvarez _____ a Cuernavaca, México.

6. Uds. _____ a La Habana, Cuba.

7. La periodista _____ a Santiago, Chile.

8. Yo _____ a Río Piedras, Puerto Rico.

N. **Lo que hice ayer** (*What I did yesterday*) Use the preterite to write a short paragraph about what you did yesterday.

_____

_____

_____

_____

_____

_____

_____

O. **¡Leamos!** Read the following advertisement for AeroPeru, the national airline of Peru, and answer the questions in English.

LA GARANTIA DE AEROPERU: QUIEN VUELA ES USTED Y NO SU DINERO

AHORA NADIE LE OFRECE MAS POR SU DINERO.

Nuestro programa de garantías le permitirá volar y ahorrar en una diversidad de formas, además de ofrecerle nuestra acostumbrada cordialidad y excelente servicio.

1 Le garantizamos que Aero-Perú tendrá siete vuelos semanales directos a Lima, Centro y Sudamérica. Aero-Perú también le garantiza las salidas diurnas más convenientes... ¡que con cualquier otra línea aérea! Así que con AeroPerú usted también ahorra tiempo... y el tiempo es dinero.

2 Le garantizamos las tarifas publicadas más bajas hacia Perú y alrededor de Sudamérica. Si usted nos prueba lo contrario, le daremos $100 de descuento en su próximo viaje con AeroPerú. Por ejemplo, tendría que encontrar tarifas más económicas y mejores condiciones que las ofrecidas en nuestra tarifa "Visite Sudamérica" de $759, la cual incluye 10 países hasta por 45 días.

3 Le garantizamos que ninguna otra línea aérea le permitirá más equipaje de mano y valijas que nosotros.

Y le garantizamos que nadie superará nuestras tarifas de exceso de equipaje.

4 Además, le garantizamos que sólo en AeroPerú usted vuela en familia. Como ya es nuestra tradición, recibirá nuestro exclusivo servicio a bordo y nuestra esmerada atención en tierra. Durante cada vuelo ofrecemos bar abierto con bebidas gratis para todos los viajeros y excelente servicio de comida.

En viajes de negocios o placer, AeroPerú es la elección obvia. ¡Se lo garantizamos!

*Se aplican algunas restricciones. No incluye impuestos de salida o de aduana.

¡Vuela en familia!

AeroPeru

Para informes y reservaciones, consulte a su agente de viajes o AeroPerú 1-(800) 255-7378

1. Can you explain the airline's guarantee (**Quien vuela es usted y no su dinero.**)? (Hint: **Volar** means *to fly*.)

   _____

   _____

2. Read the introduction to AeroPeru's guarantees (**Nuestro programa... y excelente servicio.**) List all the words that you recognize or think you know. Try to give a general description of what you think the introduction might say.

   _____

   _____

   _____

   _____

3. As mentioned in this advertisement in guarantee number 1, to what parts of the world does AeroPeru offer flights? List the specific references.

   _____

   _____

   _____

4. Match each of the following guarantees made by AeroPeru to its corresponding number in the ad.

   _____ We guarantee that no other airline will permit more carry-on luggage and valises than we do.

   _____ We guarantee the lowest published rates to Peru and around South America.

   _____ We guarantee that AeroPeru will have seven weekly direct flights to Lima and Central and South America.

   _____ We guarantee that only in AeroPeru you travel like part of the family.

5. **En viajes de negocios o placer** (*pleasure*)**, AeroPerú es la elección obvia. ¡Se lo garantizamos!** In your own words, what does this concluding statement mean?

   _____

   _____

   _____

Words and expressions to talk about the past

ayer (por la mañana, por la tarde)
anoche
anteayer
el miércoles (viernes, etc.) pasado
la semana pasada
el fin de semana pasado
el mes pasado
el año pasado
por una hora (dos días, cinco meses, diez años, etc.)

P. **Lo siento, pero no tienes razón** (*I'm sorry, but you're wrong*). An uncle of yours always gets the facts wrong. Respond to his statements, using the cues in parentheses.

MODELO: Tú fuiste al banco anoche, ¿verdad? (ayer por la tarde)

No. Yo fui al banco ayer por la tarde.

1. Rogelio hizo la cama ayer por la tarde. (por la mañana)

_____

2. Ana y Luisa visitaron al dentista la semana pasada, ¿verdad? (el mes pasado)

_____

3. Nosotros comimos en el restaurante el viernes pasado, ¿verdad? (el sábado pasado)

_____

4. Él salió del hospital anteayer, ¿verdad? (anoche)

_____

5. Uds. viajaron a Guatemala el año pasado, ¿verdad? (el mes pasado)

_____

6. Tu mamá fue al teatro el domingo pasado, ¿verdad? (anteayer)

_____

Q. **Recientemente** (*Recently*) Answer the following questions about you and your family's recent activities. Be specific about when you did these activities, and give supporting details.

MODELO: ¿Hicieron Uds. un viaje recientemente?

Sí, hicimos un viaje a Disney World el mes pasado.

1. ¿Fuiste a la panadería recientemente?

   _____

2. ¿Comieron enchiladas recientemente?

   _____

3. ¿Tomaste el metro recientemente?

   _____

4. ¿Asistió tu hermana o hermano a un baile recientemente?

   _____

5. ¿Llamaste a un(a) amigo(a) por teléfono recientemente?

   _____

6. ¿Miraron tus hermanos la TV recientemente?

   _____

 REPASO ▼

The preterite of **andar, estar, tener**

yo	**anduve**	nosotros	**anduvimos**
tú	**anduviste**	vosotros	**anduvisteis**
él ella Ud.	**anduvo**	ellos ellas Uds.	**anduvieron**

yo	**estuve**	nosotros	**estuvimos**
tú	**estuviste**	vosotros	**estuvisteis**
él ella Ud.	**estuvo**	ellos ellas Uds.	**estuvieron**

yo	**tuve**	nosotros	**tuvimos**
tú	**tuviste**	vosotros	**tuvisteis**
él ella Ud.	**tuvo**	ellos ellas Uds.	**tuvieron**

▲

Capítulo trece **América Latina**   **175**

R. **¿Adónde fueron para hacer las compras?** Last week the car wasn't working; so the shopping had to be done on foot. Tell where you and others went to do it. Write the correct form of **andar** in the blanks.

1. Tomás _____ a la carnicería.

2. Yo _____ a la farmacia.

3. Mamá _____ al mercado.

4. Mis hermanas _____ al supermercado.

5. Josefina y yo _____ a la panadería.

6. ¿Adónde _____ tú?

S. **¿Dónde estuvieron?** Now tell where you and others were yesterday, using the appropriate form of **estar**.

1. La profesora _____ en la librería.

2. Nuestros amigos _____ en el cine.

3. Yo _____ en la piscina.

4. Mis tíos _____ en la estación de trenes.

5. Nosotros _____ en el estadio.

6. Gabriela _____ en el correo.

7. Tú _____ en la plaza, ¿verdad?

8. Vosotros _____ en la clase de español

T. **¿Qué tuvieron?** Your family has just moved, and now nobody can find anything. Tell who had the item last by placing the correct form of **tener** in the blanks.

1. Mariluz _____ los discos.

2. Los niños _____ la mochila.

3. Papá _____ la cámara.

4. Yo _____ el estéreo.

5. Tú _____ la grabadora.

6. Nosotros _____ los pósters.

U. **Lo que hicimos** *(What we did)* **ayer** Use the preterite to write a short paragraph about what you and your friends did yesterday.

_____

_____

_____

_____

_____

_____

_____

La presencia hispana en los EEUU

Vocabulario

Para charlar

Para hablar de una serie de acciones

entonces
finalmente
luego
por fin
primero

Para hablar del tiempo

un año
un día
una hora
un mes
un minuto
una semana

Vocabulario general

Verbos

buscar
jugar
sacar

Sustantivos

una guitarra

Otras expresiones

¿Cuánto hace que + *verb in the preterite*?
Hacer + *length of time* + que + *subject* + *verb in the preterite.*
Subject + *verb in the preterite* + hace + *length of time.*

Primera etapa

A. **¡Leamos!** Skim the following magazine article about sports and sports figures in the Hispanic world; then summarize in English what you understood in each section. You will not know every word or get all of the information provided, but you should be able to get the main topic of each of the short paragraphs. First look for the topics of the four news items. Then let the context help you get the general meaning of some of the words you do not know.

1. Michael Carbajal

_____

_____

_____

_____

2. Puerto Rico

_____

_____

_____

_____

3. George Hincapié

_____

_____

_____

_____

_____

EL MARCADOR

Caras y eventos

Michael Carbajal, ganador de una medallas de plata en los olímpicos de Seúl, promete ser una gran figura del boxeo latinoamericano por su pegada de hierro y fantástica condición física. Ganó sus primeras cinco peleas como profesional, cuatro de ellas por K.O. Carbajal, residente en Phoenix, entrena en un clima de 118° F.

Puerto Rico ha organizado la Comisión Pro-Sede 2004 con el propósito de conseguir los Juegos Olímpicos de ese año, para lo cual se han conseguido casi $2 millones. La isla tendrá una amplia oportunidad de mostrar sus encantos al Comité Olímpico Internacional cuando éste celebre su reunión anual en San Juan, del 29 de agosto al 1 de septiembre.

Uno de los primeros ciclistas a nivel juvenil es George Hincapié, hijo de padres colombianos y residente en Farmingdale, Long Island. De 16 años de edad, es un auténtico escarabajo, campeón nacional de ruta y de sprint. Es tan bueno que a comienzos del año derrotó a un integrante del equipo olímpico estadounidense en una carrera en el Parque Central de la ciudad de Nueva York.

Armando Quintero, comentarista de KWEK-TV en San Antonio, está a la vanguardia de la narración deportiva en español. Quintero presenta los partidos de los Dallas Cowboys y los San Antonio Spurs. Tres equipos de la NBA, cuatro de la NFL y varios más en el béisbol de grandes ligas, retransmiten por la radio sus partidos en los dos idiomas.

4. Armando Quintero

_____

_____

_____

◆R◆E◆P◆A◆S◆O◆ _____ ▼

Hace and **hace que** for expressing how long ago something occurred

Hace + *length of time* + **que** + *subject* + *verb in the preterite*
Hace dos días **que** Mariana escribió.

Subject + *verb in the preterite* + **hace** + *length of time*
Mariana escribió **hace** dos días.

To ask a question using this time expression, use the following model:
¿**Cuánto** + **hace** + **que** + *verb in the preterite*?
¿**Cuánto hace que** escribió Mariana?

_____ ▲

B. **¿Cuánto hace que...?** Based on the dates, tell how long ago the following activities occurred. As a reference point, assume that today is Thursday, April 11, 1991. It is 2:00 p.m.

MODELO: 1989 / él / viajar a Colombia

Hace dos años que él viajó a Colombia.

1. lunes, el 8 de abril, 1991 / yo / recibir la carta

_____

2. el 11 de marzo, 1991 / la señora Mendoza / comprar la cómoda

_____

3. hoy, al mediodía / nosotros / comer

_____

4. abril, 1990 / tú / ir a Chile

_____

5. jueves, el 4 de abril, 1991 / Anita y Norma / hacer un viaje a México

_____

6. 1985 / los padres de Julio / vender su casa

C. **Quiero saber cuándo.** You want to know when your friends last did certain things. Write questions that would prompt the following responses.

MODELO: *¿Cuánto hace que Uds. estuvieron en Panamá?* _____

Hace tres años que estuvimos en Panamá.

1. _____

Hace cinco minutos que llamé por teléfono.

2. _____

Hace un día que ella estuvo en el centro.

3. _____

Hace dos semanas que ellos corrieron.

4. _____

Hace cuatro meses que Julio compró la motocicleta.

5. _____

Hace diez años que fuimos a Paraguay.

◆R◆E◆P◆A◆S◆O◆ ─────────────────────────────── ▼

The preterite of verbs ending in **–gar**

yo	**pagué**	nosotros	**pagamos**
tú	**pagaste**	vosotros	**pagasteis**
él		ellos	
ella }	**pagó**	ellas }	**pagaron**
Ud.		Uds.	

Other common verbs that end in **–gar** are **llegar** and **jugar**.

── ▲

D. **Los detalles** *(The details)*, **por favor** Your grandmother wants to know some of the specifics about your trip. Provide her with the information by completing the following sentences with the appropriate forms of **llegar**, **pagar**, and **jugar**.

MODELO: Jaime *llegó* al aeropuerto a las dos, *pagó* tres dólares por el póster

y *jugó* al ajedrez *(chess)* con Paco.

1. Papá _____ al aeropuerto a las tres y cuarto de la tarde,

   _____ 10 dólares por el taxi. Después _____

   al tenis en el parque.

2. Tío Fernando y tía Bárbara _____ tarde, como de costumbre.

   _____ 90 dólares por la cámara. Entonces _____

   al tenis.

3. Yo _____ al aeropuerto en metro y _____ 2

   dólares por los billetes. _____ al vólibol por la tarde.

4. Nosotros _____ a los Estados Unidos a las siete y veinticinco de la

   mañana. _____ 25 dólares por un taxi al hotel. La semana próxi-

   ma, _____ en la playa.

E. **En las vacaciones** Your grandfather, who was unable to join you on your vacation, also has some questions about the trip. Answer his questions, using the cues in parentheses.

   MODELO: ¿A qué hora llegaron Uds. al aeropuerto? (a las dos de la tarde)

   Llegamos al aeropuerto a las dos de la tarde.

1. ¿Quién jugó al tenis? (Joaquín y yo)

   _____

2. ¿Cuánto pagaron Uds. por los billetes de ida y vuelta? (250 dólares)

   _____

3. ¿Cuándo llegaste al aeropuerto de San Juan? (el domingo por la noche)

   _____

4. ¿Dónde jugó tu hermano? (en el parque)

   _____

5. ¿Cuánto pagaste por el póster? (3 dólares)

   _____

6. ¿A qué hora llegaste a Buenos Aires? (a las cinco de la tarde)

   _____

Segunda etapa

F. **¡Leamos!** Read the following excerpt from a speech by former mayor of New York Ed Koch that was published in a Spanish-language magazine based in Miami. Then answer the questions in English. You are not expected to understand every word. Try to get the general meaning.

would put
disadventageous

having

lack

because of a
lack of

> Uno de los problemas más graves que confronta la comunidad hispana de Estados Unidos es, sin lugar a dudas, el de la deserción escolar de la juventud, situación, que de no resolverse de una manera satisfactoria, **colocaría** a los hispanos en una posición **desventajosa** en la sociedad. Pero aparte del problema de la deserción escolar, los hispanos confrontan la situación de aquellos jóvenes que **teniendo** deseos y disposición de continuar por el camino del estudio, hasta llegar a las universidades, no lo hacen porque **carecen** de recursos económicos. De ahí la importancia de la International Hispanic Corporation Achievers Scholarship Fund Inc., una organización no lucrativa, creada en Estados Unidos para ayudar a estudiantes aplicados y prometedores que quieren asistir a centros de estudios superiores como son las universidades y no pueden hacerlo **por falta de** recursos económicos.

1. According to the article, what are the two major problems facing many young Hispanics?

   _____

   _____

2. Where was the International Hispanic Corporation Achievers Scholarship Fund started? What is its purpose?

   _____

3. What does the term **una organización no lucrativa** tell us about the company?

   _____

   _____

The preterite of verbs ending in **–car**

yo	**busqué**	nosotros	**buscamos**
tú	**buscaste**	vosotros	**buscasteis**
él		ellos	
ella }	**buscó**	ellas }	**buscaron**
Ud.		Uds.	

Some common verbs that end in **–car** are **tocar**, **sacar**, and **practicar**.

▲

G. **Ya lo hicimos** (*We already did it*). Your friend is always talking about what he and his classmates are going to do. Tell him that you or your friends have already done those activities, using the cues in parentheses.

MODELO: Nosotros vamos a jugar al tenis mañana. (Paco y Yolanda / ayer)

Paco y Yolanda jugaron al tenis ayer.

1. Pablo quiere tocar el violín el martes. (yo / anoche)

2. Yo prefiero practicar la semana próxima. (Pancho / la semana pasada)

3. Nosotros pensamos buscar las entradas mañana por la tarde. (nosotros / ayer)

4. Alicia va a sacar fotos (*pictures*) esta noche. (yo / anoche)

5. Nuestro equipo (*team*) piensa practicar el miércoles próximo. (mi equipo / el viernes pasado)

6. Yo pienso practicar fútbol el mes próximo. (yo / el mes pasado)

7. Teresa va a buscar los discos esta semana. (yo / la semana pasada)

R E P A S O ▼

Expressions used to talk about a series of actions

primero
entonces (luego)
por fin (finalmente)

▲

H. **Mañana** Tell what the following people are going to do tomorrow, using **primero**, **entonces**, and **finalmente**. Use the pictures as cues.

MODELO: el hombre de negocios

Primero, el hombre de negocios va a tomar el autobús, entonces va a ir al centro y finalmente va a trabajar.

1. mis amigas _____

_____

_____

2. Manuel _____

_____

_____

3. los Escobar _____

_____

_____

4. Blanca _____

_____

_____

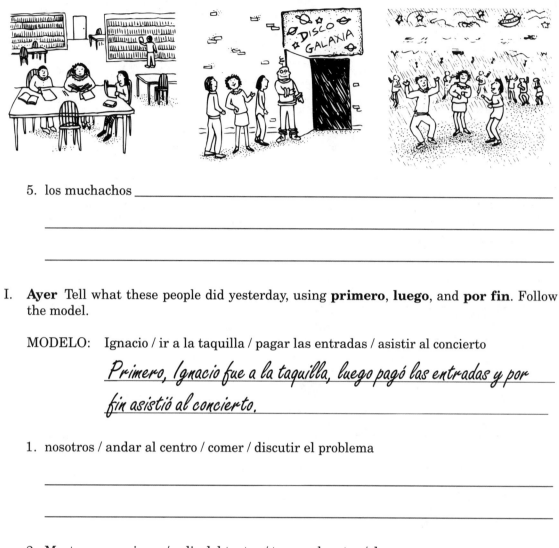

5. los muchachos _____

_____

_____

I. **Ayer** Tell what these people did yesterday, using **primero**, **luego**, and **por fin**. Follow the model.

MODELO: Ignacio / ir a la taquilla / pagar las entradas / asistir al concierto

Primero, Ignacio fue a la taquilla, luego pagó las entradas y por fin asistió al concierto.

1. nosotros / andar al centro / comer / discutir el problema

_____

_____

2. Marta y sus primas / salir del teatro / tomar el metro / descansar en casa

_____

_____

3. yo / buscar mi plano del metro / caminar al estadio / practicar fútbol con mis amigos

_____

_____

4. los padres de Manolo / ir al banco / comprar el nuevo auto / celebrar una fiesta

_____

_____

5. tú / no tener el libro / no hacer la tarea *(homework)* / no llegar a tiempo *(on time)*

_____

_____

6. el periodista / tomar la calle Pimental / doblar a la izquierda / ir derecho

_____

_____

J. **Lo que hicimos ayer** Use the preterite to write a series of short statements about what you and your friends did yesterday. Use **primero**, **entonces (luego),** and **finalmente (por fin)**.

1. mi hermano(a)

_____

_____

_____

2. yo

_____

_____

3. el (la) profesor(a)

_____

_____

4. un(a) amigo(a) y yo

_____

_____

_____

La Península Ibérica

Vocabulario

Para charlar _____

Para hablar de acciones en el futuro

esperar + *infinitive*
ir + a + *infinitive*
pensar + *infinitive*
querer + *infinitive*
quisiera + *infinitive*
tener ganas de + *infinitive*

Para hablar de acciones que están pasando ahora

ahora
ahora mismo
en este momento
estar + *verb in present participle*

Primera etapa

A. **¡Leamos!** Skim this itinerary that describes a tour of the Iberian Peninsula; then answer the questions in English.

1. In what cities will the following sights be visited?

Plaza del Obradoiro

_____

_____

Palacios de la Alhambra

_____

Parque de María Luisa

_____

Palacio de la Generalitat

_____

la Cova de Ira

_____

CIRCUITO IBERICO

SALIDAS:

MAYO, 23.
JUNIO, 6, 13, 20, 27.
JULIO, 4, 11, 18, 25.
AGOSTO, 1, 8,15, 22, 29.
SEPTIEMBRE, 5, 12, 19.
OCTUBRE, 3 - 17.

ITINERARIO

Día 1.º MADRID. – Salida a las 8.00 hacia Mérida. Almuerzo y continuación a Lisboa. Alojamiento.

Día 2.º LISBOA. – Estancia en régimen de alojamiento y desayuno. Por la mañana, visita de la ciudad.

Día 3.º LISBOA. – Desayuno y salida a Fátima. Tiempo libre para visitar su Basílica y la Cova de Ira. Por la tarde regreso a Lisboa. Alojamiento.

Día 4.º LISBOA.– Desayuno y salida hacia Mérida. Almuerzo. Por la tarde salida hacia Sevilla. Cena y alojamiento.

Día 5.º SEVILLA. – Media pensión en el hotel. Por la mañana visita de la ciudad (Catedral, Alcázar, Barrio de Santa Cruz y Parque de Maria Luisa).

Día 6.º SEVILLA. – Desayuno y salida a Jerez. Visita panorámica. Continuación hasta Cádiz. Almuerzo y salida hacia Torremolinos/Benalmádena. Cena y alojamiento.

Día 7.º TORREMOLINOS / BENAL-MADENA. – Desayuno y almuerzo. Por la tarde, salida hacia Loja y Granada. Cena y alojamiento.

Día 8.º GRANADA. – Media pensión en el hotel. Por la mañana, visita de la ciudad (Palacios de la Alhambra, y Jardines del Generalife).

Día 9.º GRANADA. – Desayuno y salida hacia Puerto Lumbreras. Almuerzo y continuación del viaje hasta Alicante. Cena y alojamiento.

Día 10.º ALICANTE. – Desayuno y mañana libre. Por la tarde salida hasta la ciudad de Valencia. Cena y alojamiento.

Día 11.º VALENCIA. – Desayuno y mañana libre. Por la tarde, salida hacia la ciudad de Barcelona. Cena y alojamiento.

Día 12.º BARCELONA. – Media pensión en el hotel. Por la mañana visita de la ciudad (Barrio Gótico, Catedral, Palacio de la Generalitat, Ayuntamiento y Pueblo Español).

Día 13.º BARCELONA. – Desayuno y salida hacia Zaragoza. Almuerzo y continuación hasta San Sebastián. Cena y alojamiento.

Día 14.º SAN SEBASTIAN. – Desayuno y salida a Bilbao. Continuación a Santander. Cena y alojamiento.

Día 15.º SANTANDER. – Desayuno y salida a los Picos de Europa (Fuente De). Almuerzo y continuación a Oviedo. Cena y alojamiento.

Día 16 .º OVIEDO. – Desayuno y salida hacia Gijón y Ribadeo. Continuación hasta Lugo. Cena y alojamiento.

Día 17.º LUGO. – Desayuno y salida con dirección a La Coruña. Tiempo libre. Continuación del viaje hasta Santiago de Compostela. Cena y alojamiento.

Día 18.º SANTIAGO DE COMPOS-TELA. – Desayuno y día libre para recorrer la ciudad (Plaza del Obra-doiro, Catedral, etc.), así como su impresionante casco antiguo. Cena y alojamiento.

Día 19.º SANTIAGO DE COMPOS-TELA. – Desayuno y salida hacia las Rías Bajas. La Toja, Pontevedra y Vigo. Cena y alojamiento.

Día 20.º VIGO. – Desayuno y salida por Orense y Verín hacia Puebla de Sanabria. Almuerzo y continuación hasta Madrid. FIN DEL VIAJE.

30 **JULIA TOURS**

2. Based on their contexts in the reading and their relationship to other Spanish words you already know, circle the equivalent English expression for the following:

Día 1. **Salida a las 8:00**
   a) return at 8:00 a.m.
   b) departure at 8:00 a.m.

Día 1. **Alojamiento**
   a) sightseeing   c) lodging
   b) travel   d) dinner

Día 3. **Tiempo libre**
   a) free lunch   c) optional excursion
   b) guided tour   d) free time

Día 6. **Vista panorámica**
   a) city sightseeing   c) panoramic view
   b) free time   d) first-class hotel

Día 18. **para recorrer la ciudad**
   a) to leave the city   c) to live in the city
   b) to visit the city   d) to eat in the city

3. What meals are mentioned? _____

_____

The present progressive

estar + *present participle*

comprar — comprando	yo	**estoy hablando**
correr — corriendo	tú	**estás hablando**
salir — saliendo	él ⎫	
	ella ⎬	**está hablando**
	Ud. ⎭	
	nosotros	**estamos hablando**
leer — **leyendo**	vosotros	**estáis hablando**
dormir — **durmiendo**	ellos ⎫	
	ellas ⎬	**están hablando**
	Uds. ⎭	

Some expressions you can use with the present progressive to stress that the action is in progress while you are speaking are **ahora**, **ahora mismo**, and **en este momento**.

B. **Lo siento, pero están ocupados** *(I'm sorry, but they're busy)* **en este momento.** Friends and neighbors are calling on the phone wanting to speak with different members of your family. Tell the caller that the person with whom they wish to speak is busy right now. Use the cues in parentheses and respond with the present progressive.

MODELO: ¿Puedo hablar con tu mamá? (trabajar / ahora)

Lo siento, pero ella está trabajando ahora.

1. ¿Puedo hablar con tus hermanos? (visitar a mis abuelos / en este momento)

_____

2. ¿Puedo hablar con María Ángeles? (estudiar / ahora mismo)

_____

3. ¿Puedo hablar con tu hermana? (practicar piano / ahora)

_____

4. ¿Puedo hablar con Paula o con Raquel? (comer / en este momento)

_____

5. ¿Puedo hablar contigo *(with you)*? (cenar con mi familia / ahora mismo)

_____

C. **¡No, ahora mismo!** A friend is asking you about your family's plans. She thinks that various activities are going to happen in the future, but you respond that they are going on right now.

MODELO: Tus padres van a dar un paseo mañana, ¿verdad?

No. Están dando un paseo ahora mismo.

1. Rafael va a jugar al tenis el martes, ¿verdad?

_____

2. Vas a estudiar francés el año que viene, ¿verdad?

_____

3. Uds. van a preparar la lección la semana próxima, ¿verdad?

_____

4. Tus hermanos van a asistir a la clase mañana por la noche, ¿verdad?

   _____

5. Él va a dormir esta tarde, ¿verdad?

   _____

6. Alberto va a sacar la basura *(the trash)* el sábado, ¿verdad?

   _____

DESCUBRE MADRID CON NOSOTROS

El Ayuntamiento de Madrid, a través de su Patronato Municipal de Turismo, vuelve a poner en funcionamiento el servicio "DESCUBRE MADRID CON NOSOTROS" en un intento de acercamiento de la ciudad al visitante.

¿QUE ES "DESCUBRE MADRID CON NOSOTROS"?

Es un servicio de información y orientación turística en la calle. Parejas de jóvenes bien identificados y con amplios conocimientos de Madrid recorren la zona centro de la ciudad, facilitando, en varios idiomas, datos de interés histórico-artísticos, culturales y prácticos al visitante.

¿PARA QUE SE HA CREADO "DESCUBRE MADRID CON NOSOTROS"?

Para completar, ampliar y mejorar el conocimiento de la oferta y atractivos

que Madrid encierra de una forma acogedora, directa y personal.

Si buscas un museo, un hotel o un restaurante, dirígete a ellos. Serán tu guía.

Vive Madrid con nosotros.

DURACION Y HORARIO

El servicio funcionará durante los meses de verano.

Horario:	mañanas de 10,00 a 14,00 h.
	tardes de 17,00 a 21,00 h.

COMO Y DONDE LOCALIZARLES

Los jóvenes informadores, vestidos de color amarillo y azul, serán fácilmente localizables por la " **ℹ** " internacional de información y la acreditación del Patronato Municipal de Turismo.

D. **¡Leamos!** Read the brochure prepared by the Madrid Department of Tourism. Then answer in English the questions that follow.

ZONAS DE ACTUACION DEL SERVICIO:

■ Pza. Oriente - Pza. de España
■ Puerta del Sol - Preciados - Carmen
■ Pza. Mayor - Calle Mayor
□ Museo del Prado - Pza. Cibeles

Con la colaboración de
El Corte Inglés

Ayuntamiento de Madrid
Patronato Municipal de Turismo

para tu información

1. For what people is the program **Descubre Madrid con nosotros** designed?

   _____

2. What service does this program provide? How does it provide it?

   _____

3. How will you recognize the **jóvenes** when you see them?

   _____

4. Will this service benefit those who don't know Spanish?

   _____

5. What can those who work in this program help you find?

   _____

6. At what times of the day is this service available?

   _____

7. In what areas of the city is this service available?

   _____

Past, present, and future time

Present time for routine activities (present tense):
  Yo **trabajo** los fines de semana.

Present time for actions going on at the moment of speaking (present progressive):
  Yo **estoy trabajando** ahora mismo.

Past time (preterite tense):
  Yo **trabajé** ayer durante cuatro horas.

Future time: **ir** + **a** + *infinitive*
  Voy a trabajar mañana.

querer + *infinitive*
Yo **quiero trabajar** el sábado.

pensar + *infinitive*
Yo **pienso trabajar** todo el día.

quisiera + *infinitive*
Yo **quisiera trabajar** la semana próxima.

tener ganas + *infinitive*
Tengo ganas de trabajar el año próximo.

esperar + *infinitive*
Yo **espero trabajar** el mes próximo.

E. **Mi hijo(a)** It is March, and Jennifer's mother is telling her grandmother what Jennifer is planning to do next month. Write their conversation according to the cues provided.

MODELO: el 7 / querer ir de compras

¿Qué hace Jennifer el siete?

Quiere ir de compras.

1. el 9 / esperar asistir al concierto _____

_____

2. el 11 / pensar jugar al tenis _____

_____

3. el 19 / tener ganas de viajar a México _____

_____

4. el 24 / quisiera visitar los museos _____

_____

5. el 27 / ir a salir de México _____

_____

F. **Mi calendario** A friend of yours wants to know what you are doing this month. Look at the drawings provided for each date and select the activity you are most likely to do. Then write out your conversation with your friend. Follow the model.

MODELO: jueves, el 6

¿Qué haces el seis?

Practico fútbol.

1. domingo, el 9

_____

_____

2. viernes, el 14

_____

_____

3. lunes, el 17

_____

_____

4. sábado, el 22

_____

_____

5. miércoles, el 26

_____

_____

G. **Mirar hacia atrás** (*Looking back*) Now it is June, and another friend is asking what you did in April. Refer again to the drawings in Exercise F. Write out your conversation, assuming you did something other than what you had planned. Follow the model.

MODELO: jueves, el 6

¿Qué hiciste el seis?

Estudié para los exámenes.

1. domingo, el 9

_____

_____

2. viernes, el 14

_____

_____

3. lunes, el 17

_____

_____

4. sábado, el 22

_____

_____

5. miércoles, el 26

_____

_____

H. **Muchas posibilidades** Based on the context of each sentence, supply as many answers as you can. Use the present progressive in your answers.

MODELO: Teresita _____ los discos.

Teresita está comprando / está mirando / está buscando /
está escuchando los discos.

1. Nosotros _____ la tarea _(homework)._

_____

_____

2. El profesor _____ un libro.

_____

_____

3. Mis hermanos _____ en el parque.

_____

_____

4. Yo _____ la guitarra.

_____

_____

5. Tú _____ una carta.

_____

_____

I. **Sumario** Write a short paragraph about different people, telling what they did yesterday, what they generally do (**todos los días**), what they are doing right now, and what they hope to do in the future.

1. mi madre

_____

_____

_____

_____

2. mis amigos

_____

_____

_____

_____

3. mi hermano(a) y yo

_____

_____

_____

_____

4. yo

_____

_____

_____

_____

AQUÍ LEEMOS

En nuestro idioma y familia

A. Read the following article from **Más**, written by the editor of the magazine in its inaugural edition. You will not understand all the words or expressions, so just try to understand the major points by using the Spanish you already know and letting the context help you. Answer the questions that follow.

Del editor

En nuestro idioma y en familia

Una revista en español para todos los Estados Unidos? Venimos de tantos países, de tantas culturas. Más allá del debate entre el uso de las palabras "hispano" y "latino", existen opiniones que se oponen a ambas.

Somos mexicanos (o chicanos), o somos cubanos, puertorriqueños, colombianos, dominicanos, salvadoreños, ecuatorianos.

Pero también somos otra cosa, algo que en este primer número de MÁS, el escritor puertorriqueño Luis Rafael Sánchez llama por el doble nombre de "los latinos, los hispanos". Algo que hace que el puertorriqueño se entienda con su vecino cubano, el colombiano con el ecuatoriano, el mexicano con el salvadoreño. Ese algo es, en gran parte, el idioma español, ese viejo dialecto de Castilla que hemos suavizado, criollizado y hasta 'spanglishizado' para hacerlo nuestro.

Por eso nuestra revista MÁS se publica en español, el cemento lingüístico de nuestra unidad. Por eso también abrimos nuestro foro político con un artículo sobre el movimiento para establecer el inglés como idioma oficial de los Estados Unidos. Nos honra que su autor, elocuente y apasionado defensor de nuestros derechos lingüísticos, sea Pete Hamill, una de las primeras figuras del periodismo norteamericano.

Y el idioma no es lo único que nos junta. Un sentir, una afinidad de pasiones y ternuras nos identifica como "los latinos, los hispanos". Difícil es perfilar esta afinidad, que es casi un instinto. Aunque fuéramos todos sordomudos nos entenderíamos por señas, o por el estilo, ritmo y cadencia de nuestras señas. El gesto de un hombre en una cafetería de East Los Angeles me recuerda de pronto a mi padre, quien nunca ha visitado Los Angeles. La risa de una mujer en una calle de Chicago es la misma que la de mi hermana, quien nunca ha visitado Chicago. No es exageración decir que somos familia.

MÁS pretende ser un vehículo para que nos conozcamos unos a otros. ¿Y no era ya hora? Hay hispanos que entraron a este país hace un minuto; otros nacieron aquí; algunos descienden de familias que habitaban estas tierras cuando eran hispanas. Por otros corre la sangre de quienes poblaron este territorio antes de Colón. Esta revista, que esperamos sea tan divertida como informativa, es de nosotros y para todos nosotros. Juntos somos la otra América que habla, escribe y lee español. Juntos somos MÁS.

ENRIQUE FERNÁNDEZ

Más allá del: beyond the

hemos suavizado, criollizado: we have softened, blended

derechos: rights

junta: unites

Un sentir: A feeling

ternuras: affections

perfilar: define

Aunque fuéramos todos sordomudos nos entenderíamos: Even if we were all deafmutes we would understand one another

señas: signs

me recuerda: reminds me

ha visitado: has visited

risa: laughter

pretende: tries

nacieron: were born

eran: they were

Por otros corre la sangre de quienes poblaron este territorio antes de Colón: Through others runs the blood of those who inhabited this land before Columbus

divertida: enjoyable

1. For what people is this magazine written? What language is it written in?

_____

2. Which Hispanic groups does Mr. Fernández specifically mention?

_____

3. What is one thing that unites these various groups?

_____

4. In this issue the North American journalist, Pete Hamill, has an article dealing with what topic?

_____

_____

5. In the statement, **No es exageración decir que somos familia,** to whom is the author referring?

_____

B. **Una carta** Write a letter to a friend in Chile telling her about the many different things that you, your family, and friends did this past year.

Querida Margarita,

_____

_____

_____

_____

_____

_____

_____

_____

_____

_____

_____

_____

_____

C. **Un viaje a la América Latina** Now write to that same friend telling about a trip that you and your family hope to take to Latin America next year

Querida Margarita,

_____

_____

_____

_____

_____

_____

_____

_____

_____

_____

_____

_____

_____

_____

_____

_____

_____

D. **¡Un mensaje** *(message)* **secreto!** Fill in the blanks below with the correct response, based on the cues given. Then take the numbered letters from those answers and put them into the corresponding numbered blanks in the box to discover a secret message.

1. Montañas grandes de Sudamérica   __ __ __ __ __
                                       12   9   21

2. País de la zona del Caribe   __ __ __ __
                                 15 1 23

3. Ruinas mayas de la península de   __ __ __ __ __ __ __
   Yucatán en Mexico   19 2   16

   __ __ __ __
   20

4. Capital de Uruguay   __ __ __ __ __ __ __ __ __ __
                         14   4   5 8   6 10

5. Barcelona es el sitio de los   __ __ __ __ __ __ __
   Juegos _____ en 1992.   18 13   22   11

6. _____ buscó la Fuente de   __ __ __ __ __ __ __   __ __ __ __
   la Juventud en la península que   25 7   3   17   24
   hoy día es el estado de Florida.

```
Mensaje secreto:

¡ __ __ __ __ __ __ __ __ __ __ __   __ __   __ __ __ __ __
  1  2  3  4  5  6  7  8  9 10 11   12 13   14 15 16 17 18

  __ __ __ __ __ __ __  !
  19 20 21 22 23 24 25
```

Vamos de compras

Planning Strategy

Your Spanish-speaking friend is having some difficulties dealing with shopkeepers. In particular, she wants to know how to find out prices and how to tell salespeople what she wants and needs. Suggest some phrases and sentences she might use to accomplish the following tasks:

1. How do I respond to the question, "Can I help you?"

_____

_____

_____

2. How do I respond if someone asks, "Will there be anything else?"

_____

_____

_____

3. How do I find out how much something costs?

_____

_____

_____

4. How do I express quantities?

_____

_____

_____

Vamos al centro comercial

Vocabulario

Para charlar

Para expresar gustos

me / te / le / les / nos encanta(n)
me / te / le / les / nos gusta(n)

Lugares para comprar

una papelería
una tienda de deportes
una tienda de discos

Para preguntar el precio

¿Cuánto cuesta(n)?
¿Qué precio tiene(n)?
¿No está(n) en oferta?

Expresiones para comprar

¿Algo más?
A sus órdenes.
Aquí tiene(n).
¿En qué puedo servirle(s)?
Es todo por hoy.
No hay más.
¿Qué necesita(n)?
Voy a llevar…

Temas y contextos

Una tienda de discos

una cinta
un disco
un disco compacto
un vídeo

Una tienda de deportes

unos esquíes
una pelota de tenis
una raqueta
unos zapatos de tenis

Una papelería

una hoja
el papel de avión
el papel para escribir a máquina
un sobre
una tarjeta de cumpleaños
una tarjeta del Día de la Madre

Vocabulario general

Sustantivos

un centro comercial
un escaparate
el precio

Adjetivos

barato(a)
bonito(a)
caro(a)
favorito(a)
suficiente

Otras expresiones

A ver.
Buen ojo.
fueron
por eso
¡Qué pena!
¡Super!

Primera etapa

A. **¡Leamos!** You're planning to go to the **tienda de música** this afternoon to buy some gifts for friends and relatives. Several people on your list are very interested in Spanish and Latin American music. In order to find out a little more about recordings of this kind, you skim the record reviews in a Hispanic magazine. First, read the two reviews provided. Then answer the questions that follow in English.

MundodelDisco
Por José Cotón

Novedades discográficas

Por Sevillanas/ Isabel Pantoja

Excelente álbum de la Pantoja interpretándonos algunos de los temas españoles más tradicionales y que han trascendido por todo el mundo de habla hispana.

Aquí se han dado cita **EN TU CAPOTE DE SEDA, LOS TOREROS DE TRIANA, GALOPAN LAS AMAPOLAS, ENTRE LOS OLIVARES** y otras que serán del agrado de todos los amantes de la música española tradicional...

Éxitos del Cha-Cha-Cha/ Varios

He aquí los mejores 'cha cha chas' interpretados por algunas de las mejores orquestas que lo interpretaron allá por la década de los años cincuenta, cuando este ritmo le dió la vuelta al mundo e hizo bailar hasta los mismísimos japoneses.

EL BODEGUERO, POCO PELO, SR. JUEZ, CACHITA, LA BASURA, LOS TAMALITOS DE OLGA Y LOS MARCIANOS son algunos de los números que forman parte de esta compilación interpretada por LA ORQUESTA ARAGON, AMERICA y ENRIQUE JORRIN.

1. What kind of music is on the album by Isabel Pantoja?

   _____

2. What words in the review of the Isabel Pantoja album lead you to understand that this music is not just popular in Spain?

   _____

3. With what decade is the **Éxitos del Cha-Cha-Cha** album associated?

   _____

4. What are the names of the three groups and/or artists featured on the cha-cha album?

   _____

5. Which album would you be more likely to buy for a friend who loves to dance?

_____

6. Which album would you be more likely to buy for yourself?

_____

B. **En la tienda de discos.** Identify the following items found in a music store.

1. _____

2. _____

3. _____

4. _____

5. _____

R E P A S O

Expressing what someone likes or dislikes

Le gusta la música rock.
Les gusta el grupo.
Nos gusta la cinta.
A Susana le gusta el disco.
A Maribel y Esteban les encanta la música latina.
A Ud. le encanta la casa de música.
A Uds. les encanta el concierto.
A Roberta y a mí nos encanta el estéreo.

Le gustan la música rock y el jazz.
Les gustan los grupos.
Nos gustan las cintas.
A Susana le gustan los discos.
A Maribel y Esteban les encantan la música latina y el jazz.
A Ud. le encantan las casas de música.
A Uds. les encantan los conciertos.
A Roberta y a mí nos encantan los estéreos.

C. **¿Les gusta?** Answer the following questions affirmatively. Your answers should be brief.

MODELO: ¿A Jorge le gusta la música?

Sí, le gusta.

1. ¿A Uds. les gusta ir al teatro?

_____

2. ¿A Mariana le gusta el grupo?

_____

3. ¿A tu amiga le gustan las cintas?

_____

4. ¿A Cecilia y Alejandro les gusta la música latina?

_____

5. ¿A Ud. le gusta el vídeo?

_____

6. ¿A tus padres les gusta la música rock?

_____

D. **A todo el mundo** *(Everyone)* **le gusta algo diferente.** Indicate what each person or group of people likes.

MODELO: Paco / gusta / la grabadora

A Paco le gusta la grabadora.

1. Pilar / gustar / los conciertos

_____

2. mi hermana / encantar / el disco compacto

_____

3. Uds. / gustar / los vídeos

_____

4. Luisa y Catalina / encantar / la música clásica

_____

5. Ud. / gustar / el jazz

_____

E. **A mi familia le gusta...** Write a short letter to your friend in Ecuador, telling her what kind of music you and other members of your family like. Use the vocabulary from this unit, as well as the verbs **escuchar, mirar, ir,** and **asistir**.

_____

_____

_____

_____

_____

_____

_____

_____

Segunda etapa

F. **¡Leamos!** You have gone to the **papelería** looking for some greeting cards. Look at the
cards and answer the questions that follow.

A.

*Una Navidad muy feliz
y un excelente Año Nuevo
es el sincero deseo
que estas palabras llevan,
porque en la Navidad
y siempre,
es un placer expresar
los mejores deseos
por toda la felicidad
que tanto te mereces.*

B.

Un NIÑO ha nacido...

...es un acontecimiento
que todos debemos
festejar.

Felicidades a los Afortunados
Padres.

C.

Feliz Aniversario de Bodas

Deseándoles
que disfruten
de un feliz aniversario
y que su dicha continúe
aumentando
con los años.

D.

Mil Felicidades
Para Ti

Un saludo
que nace del corazón
y llega en tu cumpleaños
a desearte muy cariñosamente
que la vida te brinde
únicamente lo mejor...
pues una persona tan querida
y tan especial como tú
merece lo más feliz y más hermoso
todos los días.

¡Muy Feliz Cumpleaños!

1. Match the greeting cards shown to the occasions listed below.

____ Your cousin just had a baby.

____ It's your parents' anniversary.

____ You want to send a Christmas card to your teacher.

____ Your best friend's birthday is next week.

2. In which cases did the drawing help you understand the general meaning of the card?

_____

_____

3. Which words can you find in Spanish that mean the following? Use your general understanding of the cards as well as your knowledge of related Spanish words to help you answer.

a. Christmas _____

b. congratulations / best wishes _____

c. wedding anniversary _____

d. new year _____

e. happy _____

f. a greeting from the heart _____

G. **En la papelería** Indicate in Spanish what you bought.

1. para darle gracias a tu mamá en su día especial _____

2. para escribir cartas *(letters)* a amigos en Chile _____

3. para echar al correo *(mail)* tus cartas _____

4. para el cumpleaños de tu hermana _____

5. para escribir a máquina una composición _____

H. **No los tenemos** *(We don't have them)* **aquí.** A customer at the stationery store asks if the following items are sold there. Tell him where he has to go to purchase these items.

MODELO: ¿Tiene vegetales?

—No. Tiene que ir a *un mercado*

1. ¿Tiene libros? —No. Tiene que ir a _____

2. ¿Tiene aspirina? —No. Tiene que ir a _____

3. ¿Tiene discos compactos? —No. Tiene que ir a _____

4. ¿Tiene flores? —No. Tiene que ir a _____

5. ¿Tiene pan? —No. Tiene que ir a _____

Regular Familiar Affirmative Commands

-ar verbs	**-er** verbs	**-ir** verbs
bailar → **baila**	**beber** → **bebe**	**escribir** → **escribe**

Irregular Familiar Affirmative Commands

decir	**di**	salir	**sal**
hacer	**haz**	ser	**sé**
ir	**ve**	tener	**ten**
poner	**pon**	venir	**ven**

I. **¡Escucha!** You are taking care of your little brother for the afternoon. Use the cues provided to tell him what to do.

MODELO: comer / ahora

Come ahora.

1. tomar / la leche _____

2. salir / de la sala _____

3. escuchar / la música _____

4. escribir / las palabras _____

5. ser / bueno _____

6. venir / aquí _____

7. mirar / el programa _____

8. hacer / la tarea _____

9. leer / el libro _____

10. hablar / con tu amigo _____

11. poner / los papeles aquí _____

12. tener / paciencia _____

13. ir / a tu cuarto _____

14. descansar / en el sofá _____

15. decir / la verdad _____

J. **Consejo** *(Advice)* Your friend is telling you all her problems. Tell her what to do to change or improve her situation.

MODELO: No sé mucho de literatura. (leer)

Pues, lee más.

1. No salgo bien en mis clases. (estudiar) _____

2. No recibo cartas de mis amigos. (escribir) _____

3. Siempre tengo hambre. (comer) _____

4. Estoy cansado ahora. (descansar) _____

5. No toco bien el violín. (practicar) _____

6. No puedo oír *(hear)* la radio. (poner) _____

7. Siempre pierdo mi pluma. (comprar) _____

K. **¡Tantos consejos!** *(So much advice!)* Your parents want you to behave the way your friends do. As your mother tells you what each of your friends do, your father tells you to do the same. Write your father's commands.

MODELO: A Miguel le gusta trabajar.

Trabaja también.

1. A Adolfo le gusta llegar a tiempo. _____

2. A tus amigos les gusta ir a la biblioteca. _____

3. A Verónica le gusta cocinar *(to cook)*. _____

4. A Paula y Carmen les gusta visitar a sus abuelos. _____

5. A tu hermano le gusta hacer la cama. _____

6. A Manuel le gusta compartir sus cosas. _____

7. A Conrado y Agustín les gusta sacar la basura *(trash)*. _____

L. **¡Leamos!** Read the following newspaper article about Swedish tennis star Bjorn Borg and his plan to return to tennis. Refer to the list of useful vocabulary only if it is necessary for your understanding of the article. Answer the questions that follow in English.

Borg volverá sólo si puede competir al máximo nivel

MILAN (AP) - El astro sueco del tenis Bjorn Borg confirmó que está considerando volver a la actividad, pero dijo que lo hará sólo si estima que puede jugar al máximo nivel.

"Volveré cuando me sienta a punto, de lo contrario no lo haré. Nadie me obliga, es un desafío que me he planteado a mí mismo", declaró Borg a la *Gazzetta dello Sport*. Borg, quien tiene 34 años y se retiró en la cima, hace ocho años, dijo que ha estado entrenando cuatro horas diarias desde hace un mes, con una raqueta de madera, de las que ya no se usan.

"Probé otras raquetas, pero me siento más cómodo con esta. Muchos dicen que es imposible jugar con estas raquetas en el tenis actual, pero yo sé que es posible", afirmó.

"Ahora no estoy jugando bien. Pero todo es cuestión de tiempo y de entrenamiento. Soy un perfeccionista. Volveré sólo si recupero el nivel que tenía hace ocho años", expresó el tenista, que ganó cinco veces el torneo de Wimbledon y seis el Abierto de París.

Borg desmintió versiones de que necesita dinero. "La verdad es mucho más simple. Dejé el tenis porque ya no lo disfrutaba, porque quería hacer otras cosas. Ahora lo disfruto nuevamente. Me gusta entrenar por horas", señaló.

Borg pasa varios meses al año en Italia ya que está casado con la cantante italiana Loredana Berte.

Useful vocabulary: **entrenar** — to train; **madera** — wood; **probar** — to try, to sample; **actual** — current; **nivel** — level

1. How old is Borg, and how long ago did he retire?

   _____

2. How many hours a day does he train? How long has he been doing this?

   _____

3. What kind of racquet does Borg use? What has been the reaction to his choice of racquet? What is his response to that reaction?

   _____

   _____

4. Is Borg happy with the way he's been playing? What is his ultimate goal regarding his level of play?

   _____

   _____

M. **Aficionada** *(fan)* **a los deportes** Your sister loves sports. Complete her conversation with her friend as she plans a trip to the sporting goods store. Use the vocabulary featured in the **etapa**.

Vamos a *la tienda de deportes*. Quiero comprar unas cosas baratas y quiero ver lo

que tienen (1)_____ _____. Si la tienda está cerrada, podemos mirar todo en (2)_____

_____. Marta tiene (3)_____ _____ — siempre sabe si es un buen precio o

si (4)_____ demasiado. A Magdalena le gusta el tenis y quiere comprar un par de

(5)_____ _____ _____. También va a buscar seis

(6)_____ _____ _____ para jugar. A mí me gusta el tenis

también, y quisiera comprar una nueva (7)_____. Ester pre-

fiere esquiar y espera encontrar nuevos (8)_____ para su viaje a Portillo.

◆R◆E◆P◆A◆S◆O◆ ──────────────────────────────────▼

Regular Familiar Negative Commands

-ar verbs	**-er** verbs	**-ir** verbs
bailar → no bailes	**beber → no bebas**	**escribir → no escribas**
Verbs ending in **–car (c→qu)** **no practiques**	Verbs ending in **-gar (g→gu)** **no llegues**	Verbs ending in **–zar (z→c)** **no cruces**

Irregular Familiar Negative Commands

decir	**no digas**	salir	**no salgas**
hacer	**no hagas**	ser	**no seas**
ir	**no vayas**	tener	**no tengas**
poner	**no pongas**	venir	**no vengas**

──▲

N. **Aprendiendo a conducir** Your driving instructor has several suggestions about what not to do while driving. Complete her recommendations.

MODELO: mirar los escaparates

No mires los escaparates.

1. doblar aquí

_____

2. ir muy rápido

_____

3. cruzar a la izquierda de la calle

_____

4. escuchar la cinta

_____

5. hablar

_____

6. comer

_____

7. tener miedo *(to be afraid)*

_____

8. poner la radio

_____

9. decir malas palabras

_____

O. **Tu conciencia habla.** The weekend is coming up and you'd like to relax, but you have some work to finish first. Give the commands that your conscience might make. Follow the model.

MODELO: ir de compras / trabajar

No vayas de compras. Trabaja.

1. salir con tus amigos / leer un libro

_____

2. asistir a un concierto / escribir unas cartas

_____

3. mirar la televisión / estudiar las matemáticas

_____

4. hacer un viaje / aprender tu vocabulario

_____

5. descansar en tu cuarto / visitar a tus abuelos

_____

6. comer con tus amigos / pasar tiempo con tu familia

_____

7. escuchar tus cintas / ir a la biblioteca

_____

8. jugar al tenis / buscar tus cuadernos

_____

P. **Lo que haría yo** *(What I would do)* A friend from Nicaragua is coming to spend a week at your school. Tell her what to do and what not to do while at your school.

_____

_____

_____

_____

_____

_____

_____

¿Cuánto cuesta...?

Vocabulario

Para charlar

Para preguntar sobre preferencias

¿Cuál prefieres...?
¿Cuál quieres...?

Temas y contextos

Cantidades

un atado de
una botella de
una docena de
50 gramos de
un kilo de
una libra de
un litro de
medio kilo de
un paquete de
un pedazo de

Productos congelados

el helado
el pescado
el pollo

Productos lácteos

la crema
un yogur

Productos varios

el azúcar
una galleta
la harina
la mayonesa
la pasta
la pimienta
la sal

Vocabulario general

Sustantivos

los alimentos
un carrito
una feria
un mercado al aire libre
un(a) vendedor(a)

Adjetivos

amarillo(a)
aquel(la)
ese(a)
este(a)
fresco(a)
lleno(a)
rojo(a)
verde

Verbos

ofrecer
pasar
regatear

Otras palabras y expresiones

además
allá
allí
aquél(la) / aquéllos(as)
cada
ése(a) / ésos(as)
éste(a) / éstos(as)
hasta
juntos
luego
para
una vez

Conservas

el aceite
una lata de atún
una lata de sopa

Frutas

una banana
una ensalada de frutas
la fresa
un limón
una manzana
una naranja
una pera
una uva

Vegetales

una cebolla
una ensalada de vegetales (verde)
un guisante
la lechuga
el maíz
una papa
un tomate
una zanahoria

Primera etapa

A. **¡Leamos!** Read the following recipe for **gazpacho**, a cold and spicy vegetable soup from Andalucía, Spain, that is often served when the weather is hot. Refer to the list of useful vocabulary only when it is necessary for your comprehension of the recipe.

Gazpacho para cuatro personas

Ingredientes: 6 tomates de tamaño mediano
2 cebollas pequeñas
3 pepinos de tamaño mediano
2 vasos de agua
jugo de un limón
un diente de ajo

Lavar, limpiar, y cortar en pedazos pequeños los tomates, cebollas y pepinos. Cortar el ajo y añadirlo a la mezcla. Después, añadir el jugo de limón y la sal. Mezclar bien. Servir bien frío.

Useful vocabulary: **lavar** — to wash; **limpiar** — to clean; **cortar** — to cut; **el pepino** — cucumber; **el ajo** — garlic; **la mezcla** — mixture.

1. Which of the ingredients listed do you think are the main ingredients of the **gazpacho**?

   _____

2. Which ingredients listed do you think are the seasonings for the **gazpacho**?

   _____

3. Do you cook the ingredients to make this soup or are the ingredients raw? How do you know?

   _____

4. Based on the questions you've answered above, do you think it is difficult or easy to make **gazpacho**? Why?

   _____

   _____

B. **¡Qué variedad!** Ask how much the following fruits and vegetables cost.

1. *¿Cuánto cuestan los limones?*
2. _____
3. _____
4. _____
5. _____
6. _____
7. _____
8. _____
9. _____
10. _____
11. _____
12. _____

C. **Mis preferencias** Name three fruits and three vegetables that you particularly like. Then name three of each that you dislike and two of each that you'll eat but are not really crazy about.

1. las frutas que me encantan: _____

_____

_____

2. los vegetales que me encantan: _____

_____

_____

3. las frutas que no me gustan: _____

_____

_____

4. los vegetales que no me gustan: _____

_____

_____

5. las frutas que como de vez en cuando: _____

_____

6. las frutas que como de vez en cuando: _____

_____

 ▼

Demonstrative adjectives

este maíz	**ese** maíz	**aquel** maíz
esta naranja	**esa** naranja	**aquella** naranja
estos limones	**esos** limones	**aquellos** limones
estas manzanas	**esas** manzanas	**aquellas** manzanas

▲

D. **¿En qué puedo servirle?** You are shopping for fruits and vegetables. Tell the salesperson which fruits and vegetables you want. Use demonstrative adjectives to indicate if each item is near both of you, near the seller only, or far from both of you.

1. _____ cebollas

2. _____ maíz

3. _____ limones

4. _____ zanahorias

5. _____ uvas

6. _____ tomates

7. _____ manzana

8. _____ guisantes

9. _____ naranjas

10. _____ pera

11. _____ lechuga

12. _____ papas

E. **¿Cuál?** In each of the stores you visit, you make some selections. But when the shop-keepers show you your selections and ask if you like them, you change your mind and select other items. Follow the model.

MODELO: Por favor, quisiera ver ese cuaderno.

Aquí tiene. ¿Te gusta este cuaderno? (aquel)

Creo que no. Prefiero aquel cuaderno.

1. Por favor, quisiera mirar aquella cinta.
   Aquí tiene. ¿Quieres esta cinta? (ese)

   _____

2. Por favor, quisiera esos discos.
   Aquí tiene. Pero, ¿no te gustan aquellos discos? Son nuevos. (este)

   _____

3. Por favor, quisiera comprar aquellas pelotas de tenis.
   Aquí tiene. ¿Vas a comprar estas pelotas de tenis? (ese)

   _____

4. Por favor, quisiera ese vídeo
   Aquí tiene. ¿Quieres este vídeo? (aquel)

   _____

5. Por favor, quisiera aquella raqueta.
   Aquí tiene. ¿Te gusta esta raqueta? (ese)

   _____

◆R◆E◆P◆A◆S◆O◆ ▼

Expressions of specific quantity

un kilo de	**medio kilo de**
una libra de	**50 gramos de**
un litro de	**una botella de**
una docena de	**un pedazo de**
un atado de	**un paquete de**

▲

F. **En el mercado** Identify the quantity of each item on the next page at the market.

MODELO: *medio kilo de guisantes*

1. _____

2. _____

3. _____

4. _____

5. _____

6. _____

7. _____

8. _____

9. _____

10. _____

Segunda etapa

G. **¡Leamos!** Read the advertisement from the Spanish supermarket Dia. In some cases, the brand name will help you with the vocabulary. Then answer in English the questions that follow.

Todos los productos Dia están fabricados por primeras marcas

Leche condesada Dia, 740 grs. _____ **219,-**	*Piña Tonka*, 810 grs. _____ **127,-**
Flan de huevo baño María Yoplait, 1 ud. _____ **35,-**	*Arroz Dia*, 1 Kg. _____ **99,-**
Queso Caprice des Dieux, 200 grs. _____ **239,-**	*Starlux*, 12 pastillas _____ **107,-**
Margarina Flora, 500 grs. _____ **175,-**	*Filetes de merluza empanados Pescanova*, 400 grs. **249,-**
Chocolate con leche Nestlé, 150 grs. _____ **87,-**	*Paellas marinera Pescanova*, 400 grs. _____ **209,-**
Chocolatinas Raider, pack-3 _____ **135,-**	*Zumos Dia* (naranja, melocotón y piña), Brik 1 l. **93,-**
Nesquick, 800 grs. _____ **359,-**	*Coca Cola*, lata _____ **44,-**
Atún blanco Dia, 111 grs. _____ **99,-**	*Fanta*, lata (naranja, limón) _____ **46,-**
Sardinas picantonas Albo, lata 120 grs. _____ **89,-**	*Tónica Schweppes*, pack-6 _____ **229,-**
Mejillones escabeche Onza de Oro, 115 grs. __ **97,-**	*Dodot seco total*, talla mediana, 60 uds. _____ **1.389,-**
Galletas Dia rellenas de chocolate, pack-3 __ **129,-**	*Papel higiénico Dia*, doble hoja, 6 rollos _____ **169,-**
Galletas Cookies, bolsa 500 grs. _____ **175,-**	*Colonia Nenuco*, 1 l. _____ **369,-**
Magdalenas El Zángano, largas, 12 uds. _____ **125,-**	*Crema dental Colgate*, familiar _____ **143,-**
Mayonesa Ybarra, 440 grs. _____ **139,-**	*Lejía Dia*, 1,5 l. _____ **54,-**
Melocotón en Almíbar Dia, 840 grs. _____ **99,-**	*Suavizante Mimosín concentrado*, 1 l. _____ **295,-**
Membrillo El Quijote, 400 grs. _____ **69,-**	

Marque el Tel **555 55 53** de Madrid y le indicarémos su tienda Dia más cercana

Por favor, traigan bolsa. Gracias por su colaboración.

1. Using the brand name as a cue, what does **crema dental** mean?

   _____

2. What kinds of soft drinks are listed?

   _____

3. How much do the following products cost? Remember that the prices are listed in **pesetas**.

   condensed milk   _____

   milk   _____

   milk chocolate   _____

   cheese   _____

   mayonnaise   _____

   tuna fish   _____

4. Suppose you want to prepare rice and beans. Are either of the items on sale? If so, list the item(s) and price(s).

   _____

5. Suppose you want to buy cookies on sale. Which brand would you buy? Do you have a choice?

   _____

H. **Las secciones del supermercado** Indicate in what section of the supermarket you would find the following products.

   1. una botella de leche   _____

   2. helado   _____

   3. una lata de atún   _____

   4. galletas   _____

   5. mantequilla   _____

   6. pizza   _____

I. **En el supermerado** Identify the following items found in a supermarket.

1. _____   2. _____

3. _____   4. _____

5. _____   6. _____

7. _____   8. _____

9. _____   10. _____

J. **¿Qué se utiliza** *(do you use)* **para preparar...?** List at least three ingredients you need to prepare the following dishes.

MODELO: ¿Qué se utiliza para hacer un bocadillo de jamón?

Para hacer un bocadillo de jamón se utiliza pan, mantequilla o mayonesa y jamón.

1. una ensalada verde _____

   _____

2. un sándwich de atún _____

   _____

3. un pastel de fresas _____

   _____

4. una pizza _____

   _____

5. una ensalada de frutas _____

   _____

6. limonada _____

   _____

7. sopa de vegetales _____

   _____

The interrogative words **cuál** and **cuáles**

¿**Cuáles** prefiere, las manzanas verdes o las manzanas rojas?

The words ¿**cuál?** and ¿**cuáles?** are used when there is the possibility of a choice within a group.

¿**Cuál** es tu nombre?   ¿**Cuál** es tu dirección?

In some cases, in English you use the question word *what,* while in Spanish you use **cuál**, as in the examples above. Notice the idea of a choice within a group: *Of all possible addresses / names, which one is yours?:* ¿**Cuál es tu dirección / nombre?**

K. ¿**Cuál(es) deseas?** You go grocery shopping with your family and as you notice certain items your mother asks you to pass them to her. To be certain you pass the right ones, you ask which ones whe wants. Write your questions, using the cues and following the model.

MODELO: Pasa el maíz. (grande, pequeño)

¿Cuál deseas, el maíz grande o el pequeño?

1. Pasa las uvas. (verde, rojo)

   _____

2. Pasa la cebolla. (blanco *[white]* , rojo)

   _____

3. Pasa las zanahorias. (corto *[short]*, largo *[long]*)

   _____

4. Pasa la manzana. (verde, rojo)

   _____

5. Pasa las papas. (grande, pequeño)

   _____

Demonstrative pronouns

éste	**éstos**
ésta	**éstas**
ése	**ésos**
ésa	**ésas**
aquél	**aquéllos**
aquélla	**aquéllas**

L. **Me gusta ésta.** As you shop, you answer the shopkeepers' questions. Be sure to use a demonstrative pronoun in your answer. Follow the model.

MODELO: ¿Te gusta esta pluma? (sí)

Sí, me gusta ésta. Gracias.

¿Quieres esa manzana? (no, aquél)

No, quiero aquélla.

1. ¿Quieres ese disco? (no, aquél)

_____

2. ¿Quisieras aquella revista? (no, éste)

_____

3. ¿Deseas ver esa tarjeta? (sí)

_____

4. ¿Te gustan estos sobres? (no, aquél)

_____

5. ¿Quisieras mirar aquellos zapatos de tenis? (no, ése)

_____

6. ¿Prefieres estos vídeos? (sí)

_____

7. ¿Vas a comprar esos esquíes? (no, éste)

_____

M. **¿Tirar o no?** *(Throw away or not?)* You and your brother or sister are cleaning out your room. You have to decide what you're going to keep and what you're going to throw away. The objects are in three piles.

MODELO: **AQUÍ** / el radio despertador (no)

No. No tires éste.

AQUÍ

1. las pelotas de tenis (no) _____

2. el plano del metro (sí) _____

3. la cinta (no) _____

4. los cuadernos (no) _____

5. la raqueta (sí) _____

MODELO: ALLÍ / el televisor (sí)

Sí, tira ése. _____

ALLÍ

6. la cartera (sí) _____

7. los zapatos (no) _____

8. el póster (sí) _____

9. la grabadora (no) _____

10. las mochilas (no) _____

MODELO: ALLÁ / la planta

No. No tires aquélla.   o:

Sí, tira aquélla. _____

ALLÁ

11. la alfombra _____

12. el disco compacto _____

13. los papeles _____

14. las llaves _____

15. los estantes _____

N. **Lo que compré** (*What I bought*) Your mother asked you to go to the store to buy some food. When you return home, your mother isn't around, so you leave her a note about your purchases.

1. Tell her that you went to the supermarket.

2. Explain that you bought two pounds of flour, a half-bottle of oil, ice cream, three fish, a package of cookies, and two cans of soup.

3. Tell her that you didn't buy sugar because you didn't have enough money (**bastante dinero**).

4. Tell her that you bought ice cream on sale.

5. Tell her that you're at the library and you're going to return home soon.

Mamá,

_____

_____

_____

_____

_____

_____

_____

_____

_____

_____

_____

_____

_____

_____

_____

_____

_____

_____

_____

_____

CAPÍTULO DIECIOCHO

¿Qué quieres comprar?

Vocabulario

Para charlar

Para hacer comparaciones

mayor
más… que
mejor
menor
menos… que
peor

Para establecer igualdad

tan / tanto… como

Temas y contextos

Una tienda de ropa

un abrigo
una blusa
una camisa
una camiseta
una chaqueta
un cinturón
una falda
un impermeable
unos pantalones
un suéter
un vestido

Una zapatería

una bolsa de cuero
una bota
unos calcetines
unas medias
unas sandalias
un zapato
un zapato de tacón
un zapato de tenis

Vocabulario general

Sustantivos

una boutique
la moda

Verbos

llevar

Adjetivos

azul
blanco(a)
moderno(a)
negro(a)
seguro(a)

A. **¡Leamos!** Read the following letter written by a student from Chile who will be spending the year at a school in Chicago. She is writing to her host family inquiring about clothes to bring. Answer the questions that follow.

Querida familia,

No pueden imaginar cuánto espero estar con todos Uds. durante este año. Me parece que todo está en orden, menos la selección de mi ropa. La semana pasada fui de compras para buscar unas prendas nuevas, pero no pude encontrar ni un impermeable ni un abrigo. No me gustó lo que vi en los almacenes. Ya tengo varios vestidos, blusas y faldas, pero no sé si las estudiantes también llevan camisas y pantalones en el colegio. No compré camisetas porque creo que hay mejor selección en los EE.UU. Mi mamá me dice que los zapatos de tenis están muy de moda en su país. ¿Tiene razón? Quisiera otro par, pero son muy caros aquí. ¿Cuánto cuestan allí? Pienso llevar unos suéteres y dos chaquetas. ¿Qué más necesito?

Hasta pronto,

Emilia

1. Why didn't Emilia buy a coat or a raincoat?

_____

2. What items did she not need to buy?

_____

3. Why does she want to buy tee shirts in the United States?

_____

4. Why didn't she buy sneakers in Chile?

_____

B. **Las prendas de vestir** *(Articles of clothing)* Identify the following articles of clothing.

1. _____ 2. _____ 3. _____

4. _____ 5. _____ 6. _____

7. _____ 8. _____ 9. _____

10. _____

C. **¿Qué llevar?** Indicate what you would wear in the following situations. Additional vocabulary: **pantalones cortos** *(shorts)*, **corbata** *(tie)*.

MODELO: *pantalones y camisa* o:

falda y blusa _____

1.

2.

3.

4.

5.

1. _____

2. _____

3. _____

4. _____

5. _____

◆R◆E◆P◆A◆S◆O◆ ▼

Expressions of comparison

más... que
menos... que

Irregular comparatives

bueno / buen	**mejor(es)**
malo / mal	**peor(es)**
joven	**menor(es)**
viejo(a)	**mayor(es)**

▲

D. **¿Y tu hermana?** Use the possessions indicated to compare yourself to the members of your family. Use the expressions **más... que** or **menos... que** in your answers.

MODELO: cintas / tu padre

Tengo más cintas que mi padre.   o: _____

Tengo menos cintas que mi padre. _____

1. pósters / tu hermano

_____

2. chaquetas / tu padre

_____

3. zapatos de tenis / tu madre

_____

4. discos / tu abuelo

_____

5. camisetas / tu hermana

_____

6. pelotas de tenis / tu hermano

_____

E. **¿Qué edad tienen?** *(How old are they?)* Using the ages indicated, tell both who is older as well as who is younger in each situation. Follow the model.

MODELO: tu abuelo (68) / tu abuela (67)

Mi abuelo es mayor que mi abuela. _____

Mi abuela es menor que mi abuelo. _____

1. tu hermano (13) / tu hermana (9)

_____

_____

2. tu amigo (14) / tu amiga (15)

_____

_____

3. tu madre (39) / tu padre (41)

_____

_____

4. Julio (21) / Francisco (24)

_____

_____

5. Flora (19) / Oscar (18)

_____

_____

F. **¿Qué te parece?** _(What do you think?)_ Answer the following questions using comparisons. Follow the model.

MODELO: ¿Qué disco compacto te gusta más? / bueno

Este disco compacto es bueno, pero ése es mejor.

1. ¿Qué película prefieres? / bueno

_____

2. ¿Te gustan los suéteres? / bueno

_____

3. ¿Te gustan los quesos ? / malo

_____

4. ¿Qué helado prefieres? / malo

_____

5. ¿Qué zapatos de tenis te gustan? / bueno

_____

G. **Hacer las compras en otra ciudad** You are visiting a friend who lives in a nearby city or town. You go shopping with him and notice different prices and quality in certain items that you frequently buy. Write a short letter to a relative, comparing at least five items. Discuss the differences in price and quality between what is available at home and what is available in the other city or town.

Querido(a) _____:

_____

_____

_____

_____

_____

_____

_____

_____

_____

_____

_____

_____

_____

_____

_____

_____

H. **¡Leamos!** Read the following descriptions of fashions for the coming season. Then answer the questions that follow.

Modas

Por Jenny Aoun

Para esos días más fríos, esta actitud relajada en gamuza, por encima de las rodillas con unas medias gruesas oscuras, es ideal para llevar con la mini-falda.

Se acerca el invierno y por lo tanto el frío. Las botas, las medias gruesas y los sweaters se vuelven a usar. Este año priman las botas cortas, y las muy largas por encima de las rodillas asi como el "look" montañez.

Las botas y el invierno

Vuelven las botas a lo Peter Pan, con medias gruesas en otro color para resaltar más la simplicidad y elegancia conque se llevan.

Useful vocabulary: **corto** — short; **largo** — long; **grueso** — thick

1. Based on the content of the text and photos, to which season do you think the word **invierno** refers? What words and/or visuals helped you to decide?

_____

_____

2. According to the descriptions, what three types of clothing and/or accessories will be worn frequently this season?

_____

_____

3. You're helping your sister plan how to wear her new boots with her existing wardrobe. Based on the descriptions, what would you advise her to wear with the following items?

   a. high, over-the-knee boots: _____

   _____

   b. "Peter Pan" boots: _____

   _____

I. **En la zapatería** Identify the various items sold in a shoe store.

1. _____

2. _____

3. _____

4. _____

5. _____

6. _____

7. _____

8. _____

J. **Ese vestido, no.** You are helping a friend select a wardrobe, but she has terrible taste in clothes. Tell her not to wear the items indicated with clothes or shoes you don't think will look good. Use your imagination! Follow the model..

MODELO: camiseta roja

No lleves esa camiseta roja con zapatos de tacón verdes.

1. impermeable amarillo

_____

2. abrigo azul

_____

3. falda negra

_____

4. pantalones azules

_____

5. vestido verde

_____

6. chaqueta roja y blanca

_____

7. suéter negro

_____

Expressing equality

> **tan** + _adjective / adverb_ + **como**
> **tanto (a)** + _noun_ + **como**
> **tantos (as)** + _noun_ + **como**

K. **Vale la pena comparar** *(It's worthwhile to compare).* Compare the following items using **tan... como**.

MODELO: esta clase / difícil / ésa

Esta clase no es tan difícil como ésa.

1. esa chaqueta / cara / aquélla

_____

2. esas manzanas / buenas / éstas

_____

3. mi mamá / alta / la de Felipe

_____

4. esas pelotas / baratas / éstas

_____

5. Sara / inteligente / Marta

_____

L. **¿Qué tienda es mejor?** You and a friend are comparing different stores. Respond to your friend's statements using a form of **tanto... como**.

MODELO: Esta zapatería no es tan buena como ésa. (zapatos de tenis)

Tienes razón. No tiene tantos zapatos de tenis como ésa.

1. Este mercado no es tan bueno como ése. (frutas)

_____

2. Esta tienda de música no es tan buena como ésa. (cintas)

_____

3. Este supermercado no es tan bueno como ése. (pescado)

_____

4. Esta papelería no es tan buena como ésa. (cuadernos)

_____

5. Esta tienda de deportes no es tan buena como ésa. (raquetas)

_____

6. Esta panadería no es tan buena como ésa. (pan)

_____

7. Esta florería no es tan buena como ésa. (flores)

_____

M. **Hacer la maleta** You are going away for the weekend and you want to be prepared. First, list where you are going and three activities you will do there. Then list the clothes that you will bring. Don't forget to take into account the kind of weather you will find at your destination!

Destino: _____

Actividades: _____

_____

Ropa: _____   _____

_____   _____

_____   _____

_____   _____

_____   _____

_____   _____

AQUÍ LEEMOS

¡Vamos a vender ropa!

A. You've been thinking about a part-time job when you see the following ads for a different way to earn money in your spare time. First read the ads. Then answer the questions that follow.

aumente ingresos

MODA OTOÑO 90

- ✔ ¡Vende ropa en tus horas libres!
- ✔ Marcas de prestigio y calidad.
- ✔ Descubre extraordinarias ganancias con nuestros planes de CREDITO.
- ✔ Atención especial a mayoristas.
- ✔ ¡Lo que no venda, se lo cambiamos!

¡ACEPTAMOS TARJETAS DE CREDITO!

LÍMITE
INTERNACIONAL
S A DE C V
IZAZAGA 99 PISO 12
MEXICO D F C P 06080
TEL 709 7134
FAX 709 0499

Gane Dinero con Shadia

Vendiendo el calzado de más estilo en bancos, oficinas y entre sus amistades.

SOLICITE SU CATALOGO se lo enviamos GRATIS a cualquier parte de la República.

INFORMES Y VENTAS

FABRICA DE CALZADO EXITO S A DE C V
Avenida Tezozomoc No 306 E Fraccionamiento
Industrial San Antonio Azcapotzalco México 02760, D F
(Junto al Hospital de Petróleos)
Tels 352-77-43 352-77-83

1. What is the basic idea behind both these ads?

_____

_____

_____

2. Where does the **Shadia** ad suggest that their shoes can be sold? (Hint: They suggest three places. Think of the word for friend.)

_____

_____

_____

3. Match the following benefits listed in the **Límite Internacional** ad with their general meanings in English.

_____ Vende ropa en tus horas libres.

_____ Marcas de prestigio y calidad.

_____ Descubre extraordinarias
      ganancias con nuestros
      planes de CRÉDITO.

_____ ¡Lo que no venda, se
      lo cambiamos!

a. Our financing plans will help you earn incredible profits.

b. Use your spare time to sell clothing.

c. We will exchange what you don't sell!

d. Well-known and high-quality labels.

4. Which do you think is the better advertisement? Why?

_____

_____

5. Would you be interested in a plan like these? Why or why not?

_____

_____

B. **¡Vamos a comprar libros!** You'd like to buy books for the following people, but since you don't have time to go to a **librería**, you plan to order from a book catalog. First study the descriptions of books from the **El Mundo del Libro** catalog (p. 249), then select the most appropriate title for each person below.

a. Tu tía — le gusta leer biografías: _____

b. Tu primo — quiere viajar a México: _____

c. Tú: _____

Catálogo Septiembre - Octubre '90
Lo mejor en Español al alcance de sus manos
Promociones del bimestre ***** Excelentes ideas para regalos

GUIA DE PLANTAS Y FLORES — GRIJALBO
Francesco Bianchini y Azurra Carrara Pantano

Excelente guía, fácil de usar, a todo color catalogando 522 plantas y flores diferentes, cada una con su ficha descriptiva. Cada ficha decriptiva contiene los siguientes datos: familia, lugar de origen, descripción, utilización, multlipicación, ambiente y exposición a la luz solar, época de floración, tipo de terreno, humedad. Incluye tanto a plantas de exterior, como de interior. Además las fichas vienen organizadas por familias ofreciendo así, su localización inmediata.

No. 0156MCJ   **$ 39.95**

EL GENERAL EN SU LABERINTO — DIANA
Gabriel García Márquez (Premio Nobel 1982)

¡Continúa como gran éxito de ventas desde 1989 la última novela del gran escritor latinoamericano! La obra presenta a un Bolívar más humano, atormentado por la enfermedad, la proscripción política y el abandono de sus amigos durante sus últimos días. Haciendo uso de un fantástico despliegue verbal, de un lenguaje genial, caribeño, puro; García Márquez se posesiona de su personaje para brindarnos una gran obra literaria.

No. 0174BCT   **$ 18.50**

CONFIESO QUE HE VIVIDO. Memorias
Pablo Neruda   SEIX BARRAL

"El poeta, ha escrito Neruda, debe ser, parcialmente, el **cronista** de su época", y el se muestra aquí como un auténtico cronista y testigo de nuestro tiempo. Con la inigualable potencia verbal que caracteriza a sus mejores escritos nos ofrece una verdadera joya literaria. En ella nos expone tanto su concepción del arte y de la poesía como sus posiciones políticas. A este respecto, resulta particularmente emotiva la evocación del presidente Allende a los tres días de su trágica muerte.

No. 0061BCT   **$ 15.95**

TODO SOBRE LAS VITAMINAS
Earl Mindell   EDICIONES CEAC

¡La auténtica biblia de las vitaminas! Descubra este maravilloso mundo. Conozca, de verdad, lo que son las proteínas. ¿Y los sorprendentes aminoácidos, cómo le afectan? Tome las vitaminas juntas...en el momento justo. Cuándo deben tomarse y cuando no deben tomarse. ¿Poca azúcar? ¿Poca sal? Vitaminas y medicamentos ¡no los confunda! ¿Cómo conservarse joven y enérgico? ¡El libro definitivo para conocer cuáles son las vitaminas que usted precisa!

No. 0043MSF   **$ 15.95**

PEREGRINOS DE AZTLAN
Miguel Méndez   EDICIONES ERA

Aquella tradición oral, voces del pueblo que se escuchan en las plazas pueblerinas, y que migran por todo México y el sur de Estados Unidos en busca de esperanza, narran esta obra ya clásica de la literatura chicana. Su aventura espiritual y dramática, el desierto que une y separa a dos países, Tijuana, Tucson, la vida peculiar en la frontera, Valle Imperial encuentra un terreno encantado para expresarse, que en su autor es tan hondo como libre. ¡He aquí todo un México que ignorábamos!

No. 0216BCT   **$ 16.95**

CUENTOS DE HADAS
Raymond E. Feist   GRIJALBO

Cuentos de hadas nos descubre un mundo excepcional donde la percepción de la realidad se desdibuja magistralmente en los contornos de la fantasía y el terror. Su lectura encierra, sin duda alguna, una experiencia escalofriante e inolvidable, un aviso de que el mundo apacible y natural que vemos desenvolverse en nuestro entorno bien puede convertirse en cualquier momento en una trampa escapatoria.

No. 0038CCT   **$ 15.95**

Now place your order for the three books you have chosen, using the order form that follows.

Forma Para Ordenar

PEDIDO HECHO POR:

C/o DATEL Special Products
12901 Coral Tree Place
Los Angeles, CA 90066

EL MUNDO DEL LIBRO

_____

Nombre   Inicial   Apellido

_____

Número de la calle   Departamento

_____

Ciudad   Estado   Zona Postal

_____

Número de teléfono de la casa   Número de teléfono del trabajo

	No. de Catálogo	Título del Libro	Editorial	Cuántos de C/U	Precio de C/U	Total
1						
2						
3						

Cómo calcular el costo de manejo y envío.
El cargo mínimo es $4 por los dos primeros libros y $1 por cada libro adicional. Si los libros tienen uno o mas asteriscos (*), entonces aplique el cargo especial de $5 a los marcados con*, $6 a los marcados con ** y $7 a los marcados con***.

C. **Un sábado típico** Describe to a friend in Córdoba, Argentina, the shopping that you and your family did this past Saturday. Include visits to at least three of the following: different food stores and/or the supermarket, the record store, the sporting goods store, the stationery store, and various clothing stores.

_____

_____

_____

_____

_____

_____

_____

_____

D. **Buscando la comida**   In the drawing below are hidden ten fruits and vegetables that you learned in Unit 6. Circle them, number each, then write their names on the corresponding lines that follow.

1. _____

2. _____

3. _____

4. _____

5. _____

6. _____

7. _____

8. _____

9. _____

10. _____

Mi consejo

As a final exercise, it is your turn to give three pieces of advice to next year's students. Begin each piece of advice with a positive command and contrast that with a negative command. Conclude your advice with a reason for your suggestions.
Follow the model.

MODELO: *Estudia español y no mires la televisión, porque el español es más importante que la televisión.*

1. _____

_____

_____

_____

2. _____

_____

_____

_____

3. _____

_____

_____

_____